| 김남철 |

산티아고 순례길 가이드북 저자, 여행 크리에이터, 아프리카 및 해외 트레킹 현지 진행 오퍼레이션 전문 DMC [일명 랜드사] 대표, 해파랑농부 대표, 1995년 코오롱세계일주에 입사하여, 레드캡투어 해외팀장을 거쳐 2015년 DMC를 창업했다. 29년간 해외여행 기획자로 일하며, 세계 곳곳을 여행 중이다.

국내 여행사들의 VIP 고객들을 위한 럭셔리 투어, 기업 및 인센티브 MICE, PKG, 해외 트레킹, 테마여행 현지 투어를 기획 진행하고 있다. [산티아고 순례길] 밴드에서 약 3,900명의 회원들과 함께 해외 트레킹 관련해 소통하고 있다. 연 3회 서울시립미술관에서 산티아고 순례길 및 해외 트레킹 공개강좌를 개최하고 있다. 미약하지만, 소멸 위기의 농촌을 살리기 위해 약 30명의 해파랑 농부들과 공동으로 농촌 경제 살리기 프로젝트도 진행하고 있다.

[하고 싶은 거 하고 살자]
네이버 블로그[해파랑농부]
네이버 밴드[산티아고순례길]
http://www.reentour.kr
http://www.caminodesantiago.co.kr

Prologue

이 책은 수많은 여행지 중 아프리카를 선택하는 0.1%의 사람들, 그들의 특별한 여정이 오래도록 마음에 남을 수 있도록 준비한 지침서다.

무엇이든 빠르고 쉽게 소진되는 세상 속에서, 아무런 걱정 없이 방해도 받지 않고 오롯이 나를 위한 느린 여행이 필요할 때 아프리카로 떠나자. 소중한 내 가족, 연인과 함께하는 럭셔리 여행을 가려는 분들, 나 홀로 또는 뜻 맞는 친구와 훌쩍 트레킹을 떠나거나 사진여행을 기획하려는 분들에게 '시그니처 아프리카'를 추천한다.

그곳은 자연이 빚어낸 경이로운 풍광과 야생 동물들을 만나볼 수 있으며, 바삐 돌아가던 현실로부터 가장 멀리 떠나는 '남다른' 여행지이다. 그러다 보니 아프리카 여행은 일반적인 자료검색을 통해 얻을 수 있는 정보가 매우 한정적일 수밖에 없다. 정보의 부족을 변수로 즐길 수도 있겠지만, 아는 만큼 더 보고 느낄 수 있기에 아쉬움 없이 다녀올 수 있도록 '2001년부터 지금까지 약 750명의 VIP와 함께했던' 29년간의 노하

우를 정리해 한 권의 책으로 묶었다.

아프리카 여행에서 선호하는 0순위 콘텐츠는 사파리 투어다. 그런데 세렝게티나 마사이마라를 투어하다 보면 현지 레인저들이 차량 드라이버와 가이드를 겸하느라 하나하나 설명하지 못하고 뛰어넘는 부분이 많다. 다녀온 VIP 고객분들이 그동안의 여행에서 가장 아쉬워했던 부분이 동물의 구체적인 특성과 생태계에 대한 부분이었다. 독자들이 이해할 수 있도록 또한 더 흥미로운 경험이 될 수 있도록 했다.

아프리카 여행 프로그램을 찾다 보면 영국, 프랑스, 독일 등 선진국으로부터 수백 년간 식민 지배를 당한 탓에 다크 투어도 많지만, 소수의 상류층을 위한 초호화 여행 프로그램도 발달한 걸 알 수 있다. 최상의 컨시어지 서비스를 경험할 수 있는 남아공 블루 트레인, 로보스 레일, PGA 골프 코스 라운딩, 광활한 포도밭과 품격 있는 와이너리, 유명 셰프의 솜씨를 즐기는 파인 다이닝, 머무는 객실에서 동물을 만날 수 있는 5성급

호텔과 로지, 월비스베이 해양 돌핀 크루즈, 동물 대이동의 장관을 발밑으로 바라보는 사파리 벌룬 투어, 헬기 투어 등 하이엔드 콘텐츠들이 한둘이 아니다. 세계의 부호들이 아프리카를 찾는 이유도 이 때문이다.

지금까지 본 적이 없었던 울창한 밀림을 지나 산 정상에서 아래의 드넓은 경관을 내려다보면 심장이 뛰는 와일드한 경험이 절로 밀려들 것이다. 킬리만자로 트레킹과 시미엔 트레킹도 좋지만, 만약 오지 탐험이나 사진 투어를 좋아한다면 마다가스카르 모론다바 바오밥나무 군락지, 에티오피아 다나킬 사막, 대롤 화산, 나미비아 오바힘바족 마을, 르완다 고릴라 트레킹을 추천한다. 개인의 취향에 따라 선택하는 여행은 각양각색이겠지만 눈과 피부로 생생히 느끼는 태초의 자연과 야생동물의 모습은 분명 여운이 짙게 남을 것이다. 상상했던 것보다 훨씬 더 즐겁고 생각보다 더 가까운 아프리카 여행이 그동안 당신이 꿈꾸었던 여행이길 바란다

아프리카 여행을 걱정 없이 준비하는데 크고 작은 도움이 되길 바라며, 부록으로 아프리카 여행 시 꼭 필요한 출입국 비자 관련 정보, 준비물, 유의 사항 등을 넣었다. 이 책이 여행을 떠나기 전엔 설렘으로 여행을 다녀와서는 추억의 책갈피로 남았으면 한다.

thanks to...

2007년 레드캡투어 여행사에서 해외 사업부 팀장으로 일할 때 심재혁 대표님이 대표이사로 부임하셨다. 그분은 내 인생 최고의 멘토이자 새로운 것에 대해 도전할 수 있는 창조적 영감을 키울 기회를 만들어 주었다. 심대표님이 그룹사 패밀리, 대기업 및 중소기업 대표, 갤러리 원장, 건축가, 디자이너, 셰프 등 여러 직종의 셀럽들과 소통의 길을 열어준 덕분에 다양한 분야의 지식과 트렌드를 체험할 수 있었고, 당시의 경험은 이후에 차별화된 여행 크리에이터가 되는 데 큰 도움이 되었다. 안타깝게도 2023년 8월 하나님의 부름을 받으셨지만, 심대표님의 품위가 넘치는 위트와 부드러운 미소는 내 마음속에 영원히 남을 것이다. 그분께 온 마음을 다해 감사의 인사를 전한다.

현재 내 라이프스타일과 인생의 멘토이신 이태호 대표님께 감사드린다. 아프리카의 대표 관광지를 심플하면서도 감성 있게 그려준 이혜린 작가에게도 깊이 감사드린다. 케이프타운에서 수년간 여행 오퍼레이션을 보다가 지금은 한국에서 린투어 오퍼레이션을 책임지며 현지 정보의 최신 업데이트에 많은 도움을 준 최영인 실장에게도 감사 인사를 전한다. 자료를 모으고 교정 작업에 도움을 준 딸 김하빈과 "아빠 파이팅!"이라며 응원해 준 '단결!' 공수특전여단 특전병인 아들 김원빈에게도 감사하다.

아프리카, 산티아고 순례길, 해외 트레킹 전문 랜드사[DMC] 린투어를 이용하는 국내의 각 여행사 대표와 담당자에게도 감사드린다. 아프리카 현지 해외 파트너 분들, 린투어 트레킹

인솔팀장 김태훈, 김진홍, 김창우, 이원석, 최윤성, 권미예 님께도 감사 인사를 전한다. 린투어 발전을 응원해 주는 VIP, 산티아고 순례길 및 해외 트레킹 고객, 약 3,900명의 산티아고 순례길 밴드 회원분들께도 진심으로 감사드린다.

"린투어는 여러분과 함께 성장하겠습니다. 감사합니다."

2024년 5월 1일
김남철

CONTENTS

사파리 게임 드라이브에서 만나는 동물

게임 드라이브는 시그니처 아프리카 여행에서 핵심이다. 보통 4륜구동 사파리 차량을 타고 사파리 가이드 겸 드라이버 레인저와 함께 동물들을 찾아다니는 것을 게임 드라이브라 한다.

탄자니아 [세렝게티, 응고롱고로] 케냐 [마사이마라, 암보셀리, 나이바샤] 남아공 [크루거], 나미비아 [에토샤], 보츠와나 [초베, 오카방고] 국립 공원에서 사파리 게임 드라이브를 체험할 수 있다.

아프리카 여행 중 사파리 가이드 레인저들의 간략한 설명으로 항상 아쉬움이 남곤 한다. 동물들의 특성을 알고 동물 생태계를 이해한다면 더 재미있고 유익한 사파리가 될 수 있다. 가장 먼저 아프리카 동물들을 만나 보자.

사파리 게임 드라이브에서 일명 빅(BIG) 5는 사자, 표범, 코뿔소, 코끼리, 버펄로이다. 운이 좋아야 이들을 모두 볼 수 있다. 사파리가 가능한 지역이나 동물을 관찰할 수 있는 적기는 사파리 투어 기간에 따라 각기 다르다. 빅 5뿐만 아니라, 만날 수 있는 다른 야생 동물들의 수도 시기별로 다르다. 사파리 지역에서 빅 5를 다 보지 못하더라도 실망하지 말라. 자연이 허락한 것이 여기까지이기 때문이다.

초 원 의 제 왕
사 자 Lion

고양잇과 포유류 Lion이라는 이름은 라틴어 'leo'에서 유래되었다. 수컷의 크기는 165~250cm, 암컷의 크기는 165 ~175cm 정도 된다. 수컷의 무게는 150~250kg, 암컷의 무게는 120~180kg이다. 수컷은 목 주변으로 갈기가 나있고 꼬리 끝도 긴 털로 덮여 있다. 지역에 따라 차이는 있지만, 평균 3~4마리의 새끼를 낳는다.

주로 누, 버펄로, 얼룩말, 영양 종류 등 초식동물을 사냥하고 먹이가 부족할 때는 기린, 코끼리, 버펄로 등 대형동물도 사냥한다. 배를 채우면 더 이상 사냥하지 않는다.

모여서 생활하는 사자의 무리를 '프라이드'라고 부른다. 사자의 무리는 혈연관계가 있는 성체 암컷 2~18마리와 그들의 새끼, 성체 수컷 1~7마리로 구성되는데 많게는 30마리 정도가 한 무리를 이룬다. 무리가 커질수록 표범, 치타, 하이에나, 들개들과의 먹이 경쟁에서 유리하다.

수컷의 경우 3살이 되면 프라이드에서 쫓겨나 다른 무리를 찾아야 하지만, 암컷의 경우 태어난 프라이드에서 죽을 때까지 생활한다. 프라이드의 우두머리는 5~9살 사이의 수컷이 차지한다. 이 기간에는 영광의 시간을 보내지만 나이가 들어 힘이 떨어져 경쟁자에게 밀리면 프라이드에서 쫓겨나 외톨이로 떠돌다가 삶을 마감한다.

8cm 정도의 큰 송곳니와 강한 다리와 턱을 가지고 있는 사자는 사냥할 때 대형동물의 목을 누르거나, 입으로 사냥감의 입과 콧구멍을 막아 질식시킨다. 먹이를 사냥할 때는 최고 50~60km/h까지 달릴 수 있다. 나무 위에 오를 때도 있는데 기어서 올라가지 않고 뛰어 올라간다.

번식기에는 수컷이 암컷을 따라가 교미를 시도한다. 새끼를 양육하는 일은 보통 여러 암컷이 공동으로 맡는다. 수사자는 프라이드를 지키고 새끼를 번식시키는 역할에 한정되므로 아무리 덩치가 크고 체력이 좋아도 암사자가 잡아 오는 먹이에 의존하는 경우가 많다.

어른 사자들이 사냥을 나간 사이에 표범이나 하이에나가 새끼 사
자들을 잡아먹기도 해서 어미 사자들은 새끼들을 빽빽한 수풀 사
이에 숨겨 놓는다. 표범이나 하이에나는 미래에 자신들의 생존을
위태롭게 하는 것을 막기 위해 새끼 사자를 죽이기도 한다. 새끼
사자의 생존율은 15% 정도로 알려져 있다.

사 파 리 게 임
드 라 이 브 에 서 보 기 힘 든
표 범 Leopard

고양잇과 포유류. 지역과 환경에 따라 다소 차이는 있지만, 수컷의 크기는 140~160cm, 암컷의 크기는 120cm에 이른다. 수컷의 무게는 50~60kg로 하이에나의 수컷과 비슷하다. 암컷의 무게는 35~50kg이다. 털 색깔은 연한 황갈색이고 하얀 바탕에 검은 반점과 등 쪽에 매화꽃 모양의 검은 얼룩점 무늬가 특징이다. 짧고 둥근 귀에도 얼룩무늬가 있다. 다리는 비교적 짧고 몸통은 긴 편이다.

임신기간은 약 100일이며 2~3마리의 새끼를 낳는다. 생후 4~5개월이 지나면 젖을 떼는데 3년 남짓 지나면 어른으로 성장한다. 새끼들이 어른이 될 확률은 매우 낮으며, 환경에 따라 차이는 있으나 보통 20~25년 정도 사는 것으로 알려져 있다.

주요 먹이는 톰슨가젤 임팔라 등 영양류 초식동물, 누, 혹멧돼지이다. 때로는 새끼 기린, 자칼, 침팬지, 고릴라 등도 사냥하며 곤충도 먹을 정도로 식성이 까다롭지 않다고 한다. 천적 사자나 하이에나를 피해 나무 위로 올라가면 경쟁은 끝난다. 사냥 후에 나무 위로 재빨리 먹이를 옮기지 못하면 사자나 하이에나 무리에게 억울하게 먹이를 빼앗길 수 있다.

평소에 단독 생활을 하는 표범은 사냥할 때를 제외하면 식사, 휴식, 잠 등 대부분의 시간을 나무 위에서 보낸다. 낮에는 나무 위나 그늘에서 쉬며 사냥은 주로 밤에 한다. 하지만, 배가 고프면 낮에도 사냥한다.

표범은 천적인 사자의 새끼들을 죽이기로 유명하다. 사자의 개체가 줄어야 향후 먹이 경쟁에서 유리하기 때문이다. 일부 지역에서 영역이 겹치고 무리 지어 생활하는 개코원숭이도 덩치가 크고 사나워서 표범의 경쟁 상대가 되기도 한다. 먹이가 부족할 때는 인간을 공격하기도 하니 표범의 보호 관리에 주의를 기울여야 한다.

표범은 게임 드라이브에서 가장 보기 어려운 동물이다. 낮에는 거의 돌아다니지 않고 자기 구역의 특정 공간에서 휴식을 취하고 있기 때문이다.

자식 사랑은 내가 최고

코끼리 Elephant

코끼리과 포유류. 육지 동물 중 가장 크다. 아프리카코끼리의 몸길이는 6~7.5m, 높이는 2~4m, 몸무게는 3~7.5t 정도 된다.

하루에 약 150~180kg의 풀, 어마어마한 양의 나뭇가지, 열매, 뿌리 등을 먹고 약 100리터의 물을 마신다. 하루 16~18시간을 먹는 데 사용한다. 암수 모두 평생 엄니 상아가 자란다. 생후 10년이 지나면 성체가 되고 임신 기간은 21~22개월이며 한 번에 한 마리의 마리를 낳는다. 지역과 환경에 따라 차이가 있으나, 평균 수명은 50~70년이다.

어미 코끼리들은 새끼를 지키려고 방어막을 쌓는다. 어미 코끼리가 트럼펫 소리를 내며 암사자들에게 물러나라고 경고한다. 이렇게 되면 사자의 사냥은 끝이다.

코끼리의 코에는 15만 개 이상의 근육이 있어 열매도 따고, 나뭇가지를 뜯거나 나무를 들기도 한다. 풀을 뽑아 물에 씻어 먹을 정도로 영리하기도 하다. 초저주파 소리를 내서 수 km 떨어진 곳에 있는 동료들과도 소통할 수 있다. 예상과 달리 크고 넓은 귀의 청력은 좋은 편이 아니다.

코끼리는 덩치만큼이나 힘도 대단하다. 초원의 왕이라 불리는 사자도 코끼리 발에 밟히면 갈비뼈가 바스러지고 목숨을 잃는다. 코끼리에게 함부로 덤비던 사자가 코끼리의 큰 코에 맞으면 낙엽처럼 날아가 버리기도 한다.

사자나 하이에나 무리의 공격을 받더라도 두꺼운 피부 덕분에 상처를 입지 않고 위험에서 빠져나올 수 있다.

지역에 따라서 코끼리 수가 너무 늘어나 초원의 생태계가 무너지면 인간 영역까지 침범하여 피해를 입히므로 관리가 필요하다. 일부 지역에서는 기후 위기와 인간의 개발로 인해 코끼리의 생존이 위협받기도 한다. 인간과 동물이 서로 잘 살아갈 수 있기를 바란다.

사랑을 위해서는
죽음을 불사한다
코뿔소 Rhinoceros

코뿔소과 포유류. 코뿔소는 코끼리 다음으로 큰 동물이다. 검은코뿔소는 몸길이 2.8~3m, 높이는 1.5~1.8m, 몸무게는 950~1,300kg 정도다. 검은코뿔소는 윗입술이 아래로 뻗어 뾰족한 모양이다. 전 세계 검은코뿔소는 약 3,600마리 정도로 멸종 위기 동물로 보호되고 있다. 이처럼 개체 수가 감소한 원인 중에는 인간의 밀렵이 가장 크다. 인간은 코뿔소의 뿔을 약재나 장신구로 사용해왔다. 지속 가능한 자연 생태계 보존을 위해 밀렵은 근절되어야 한다.

흰코뿔소는 몸길이 3.8~5m, 높이 1.6~2m, 몸무게 1,800~2,700kg 정도 된다. 주둥이가 넓적하고 평평하며 초원이나 관목 지대에서 2~5마리가 무리 지어 산다. 어른 수컷들은 혼자서 생활하는 것을 좋아한다.

코뿔소의 피부는 각질화되어 있으며 코뼈와 앞머리뼈 사이에 1~2개의 뿔이 있다. 뿔은 피부가 변화하여 생긴 각질 섬유로 평생 자란다. 시력은 좋지 않으며 청각이나 후각은 예민하다.

시력이 나빠서 암놈을 찾기 쉽지 않아 후각으로 암컷의 배
설물을 찾아가 교미한다. 이때 다른 수컷이 있으면 죽음을
불사한 격렬한 싸움이 벌어지기도 한다. 싸우다 큰 상처를
입고 죽기도 한다. 임신 기간은 480~520일 정도로 매우
길며 한 번에 한 마리를 낳는다. 출산은 2~3년 간격이다. 지
역과 환경에 따라 다르지만, 평균 수명은 약 40~50년이다.

01

코뿔소는 게임 드라이브를 하면서 표범 다음으로 만나기 어려운 동물이다. 시력이 나쁜 코뿔소는 낯선 물체만 보면 무조건 달려드는 성질이 있다. 사파리 중에 코뿔소에게 자극을 주는 행동은 금지다.

아프리카 싸움꾼은 나! 조심해
버펄로 Buffalo

소과 포유류. 아프리카 물소는 아프리카 버펄로라고 불린다. 초식 동물로 어깨높이 1.5~1.9m, 몸길이 2,4~3m, 몸무게는 500~800kg나 된다.

1톤 이상 나가는 큰 개체도 있다. 생각보다 엄청나게 빠르며 순간 시속 50km까지 달릴 수 있다. 평균수명은 약 20년이다. 나무가 우거지고 물이 있는 곳을 선호한다. 잠을 깊게 들지 못하며 한 번에 1시간을 넘지 않는다. 버펄로의 임신기간은 약 10개월이며 한 번에 한 마리의 새끼를 낳는다.

예민하고 매우 사나워서 길들이기 어렵다. 특히 아프리카 버펄로는 사자와 싸워서도 이길 정도로 힘이 세다. 아프리카 버펄로의 뿔에 찔리면 큰 상처나 부상으로 죽을 수도 있다. 이들에게 가장 무서운 것은 전염병이다. 사파리 게임 드라이브 시 버펄로를 자극하는 행위를 해서는 안 된다.

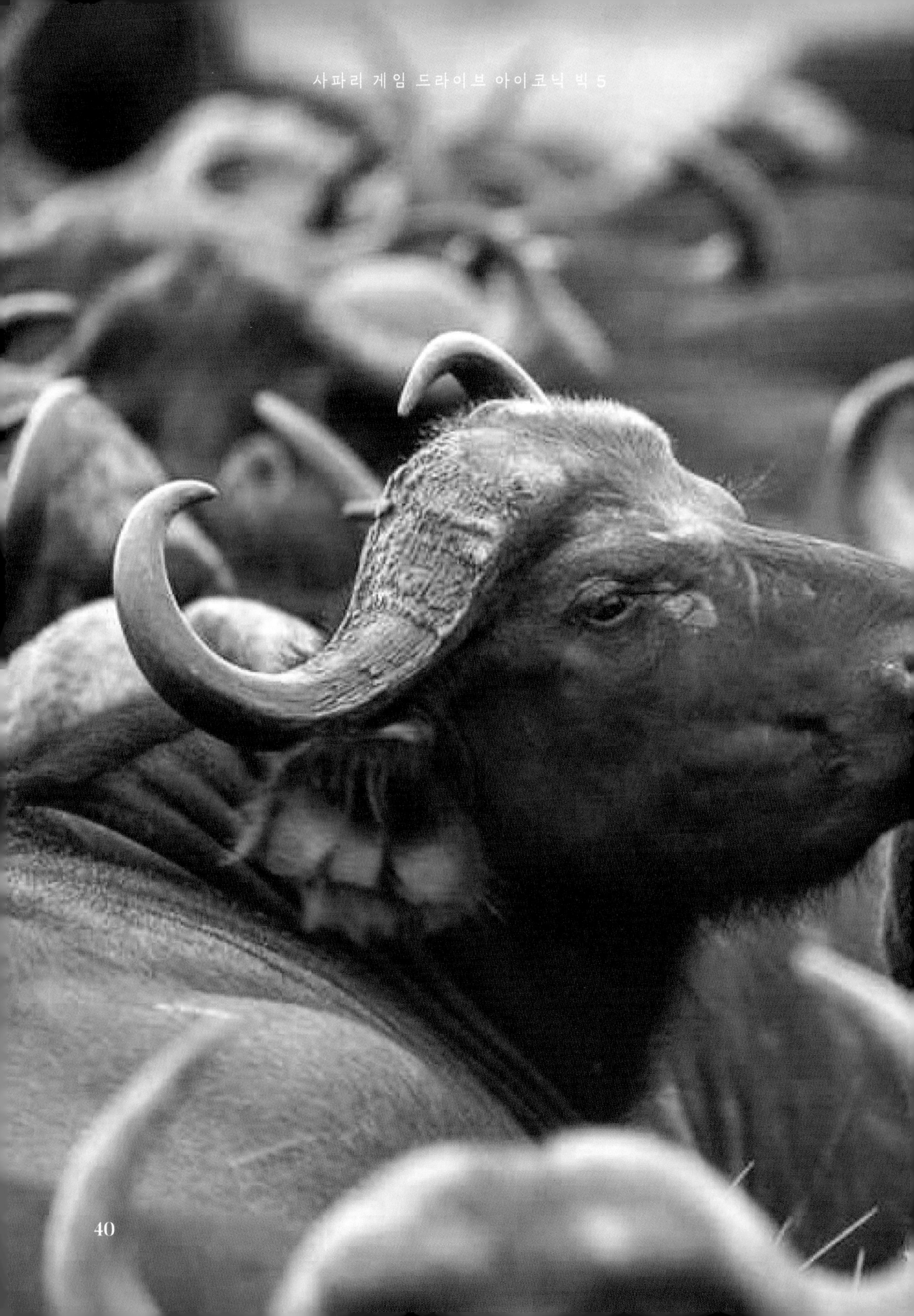

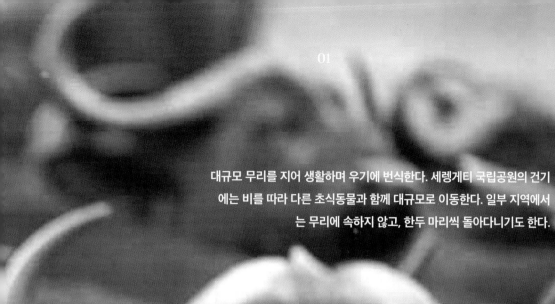

대규모 무리를 지어 생활하며 우기에 번식한다. 세렝게티 국립공원의 건기
에는 비를 따라 다른 초식동물과 함께 대규모로 이동한다. 일부 지역에서
는 무리에 속하지 않고, 한두 마리씩 돌아다니기도 한다.

초원의 약탈자
하이에나 Hyena

하이에나과 포유류 초원의 청소부라고 불리는 하이에나는 몸무게 50~80kg에 길이 1.3~1.6m에 이른다. 하이에나는 암컷과 수컷의 생식기가 비슷해서 구분하기가 쉽지 않다. 1년에 한 번 교미하고 1~5마리의 새끼를 낳는다. 후각이 발달하여 20km 이내 피 냄새를 맡고 먹이가 있는 곳으로 찾아갈 수 있다.

수컷보다 몸집이 큰 암컷이 우두머리로 모계 중심 가족 단위로 생활한다. 우두머리 권력은 딸이나 여동생에게 물려준다. 최고 서열의 수컷은 제일 낮은 서열의 암컷보다도 서열이 낮다. 우두머리 암컷의 선택을 받은 수컷은 수컷 중에 서열이 제일 높다.

뚱뚱한 몸집에 엉덩이는 처지고 뒷다리가 짧아 빨리 달리지 못하지만, 지구력이 있다. 하이에나는 낄낄거리거나 째지는 소리 같은 시끄러운 소리를 내어 소통한다. 하이에나는 출산 중에 있거나 다친 동물들을 골라서 사냥할 정도로 영리하다. 큰 동물을 사냥할 때는 무리를 지어 서로 협력에 사냥에 나선다. 잡식성으로 곤충이나 과일을 먹기도 한다.

적게는 5~6마리 많게는 50여 마리가 떼를 지어 사냥에 나선다. 3~4마리의 하이에나가 함께 공격하면 홀로 있는 암사자의 먹이를 빼앗을 수 있고, 그 이상이 함께 하면 수사자의 먹이도 뺏을 수 있다. 먹이가 충분하지 않을 때는 사자, 표범, 치타 등이 사냥한 것을 약탈하기로도 유명하다.

튼튼한 턱과 이빨로 동물의 가죽을 물에 불려 먹기도 하고 삭은 동물의 뼈를 부수어 먹기도 한다. 썩은 사체를 먹어도 탈이 나지 않는 튼튼한 위를 가지고 있다.

건기에는 먹잇감이 부족해 3~4일 동안 먹이를 찾아 이동한다. 사냥에 성공한 후에는 배를 채우고 돌아와 되새김질해서 새끼들에게 먹인다.

하이에나는 미래의 경쟁자인 어린 사자를 제거해야 살 수 있다는 것을 직감적으로 안다. 종족을 지키기 위해 자신들을 위협하는 천적 사자의 새끼들을 물어 죽인다. 이것 또한 동물 생태계의 자연스러운 모습이다.

멸종 위기의 아프리카 들개 리카온을 보호하라

아프리카 들개 리카온

African wild dog

갯과 포유류 아프리카에서는 리카온으로도 부른다. 어깨높이 74~78cm, 몸길이 76~112cm, 몸무게는 16~36kg이다. 얼룩점박이하이에나에 비해 몸집이 작다. 백색 바탕에 흑색과 황갈색이 불규칙하게 섞여 있고, 꼬리 끝은 백색이다. 귀는 둥글고 크다. 튼튼한 턱을 가지고 있다. 다리는 가늘고 길다. 어른이 되면 1년 내내 번식이 가능하지만, 무리 중 서열 1위 암컷 들개만 임신하고 출산한다. 임신 기간은 약 80일이며 한 번에 보통 2~8마리의 새끼를 낳는다.

무리를 이루어 먹이를 사냥하며, 보통 한 무리가 10~15마리다. 큰 무리는 40~50마리에 이르기도 하는데, 보통 여기저기 옮겨 다니며 방랑 생활을 한다. 우두머리 부부가 재채기를 하면 새로운 보금자리를 찾아 떠난다.

먹이 사냥을 위해 5km까지 추격할 정도로 대단한 지구력을 가졌다. 주로 임팔라나 톰슨가젤을 사냥한다. 임팔라 번식기에 주변 경계가 느슨해질 때쯤 공격한다. 콧등을 누르고 동시에 무리가 한꺼번에 달려들어 맛있는 내장부터 먹는다. 임팔라 한 마리를 먹어 치우는데 약 15분 정도 걸린다.

맹수 중 들개만이 유일하게 어린 새끼를 먼저 챙긴다. 개체 수를 늘려야 하는 절체절명의 위기를 직감하는 동물적인 본능이다.

02

49

초원에서 가장 빠른
달리기 선수 치타

치타 Cheetah

고양잇과 포유류 치타는 초원에서 가장 빠른 달리기 선수다. 최대 시속 약 120km까지 달릴 수도 있고, 2초 만에 시속 70km까지 달릴 수 있다. 등을 활처럼 휘었다가 스프링을 팅기듯이 달리는 역동적인 모습이 매혹적이기까지 하다. 어깨높이 약 0.75m, 몸무게 45~75kg, 몸길이 약 1.5m, 꼬리 길이는 0.8m 정도다.

수컷이 암컷보다 조금 더 크다. 몸은 가늘고 길며 얼굴에 검은색 줄무늬가 있고 등에는 얼룩 점무늬가 있다. 눈 밑의 검은 줄무늬는 햇빛을 흡수하여 시력을 높인다. 좋은 시력으로 멀리 떨어져 있는 천적과 먹잇감을 관찰한다.

치타는 암컷이 새끼들을 홀로 키우는 모계 사회이며 대단한 모성애를 보유한 것으로 알려졌다. 수컷들은 번식이 끝나면 바로 떠나버린다. 어른 암컷은 주로 홀로 생활하고 수컷은 무리지어 생활한다.

생물학적으로 독특하게도 치타 새끼들의 아빠는 여럿일 수 있다. 임신 기간은 약 95일이며 한 번에 3~5마리 새끼를 낳는다. 평균 수명은 약 12년 정도로 알려져 있지만, 야생에서는 7년을 넘기기 어렵다.

사자, 표범, 하이에나, 리카온, 독수리 등에 의해 치타 새끼의 90%가 목숨을 잃는다

치타는 주로 톰슨가젤, 임팔라, 혹멧돼지, 누 등을 사냥한다. 건기에는 몸을 숨기기 어려워 사냥하기가 쉽지 않다. 그래서 배가 고플 때면 맹수의 체면을 버리고 토끼굴 앞을 지키며 토끼를 사냥하기도 한다. 초식 동물의

어린 새끼를 사냥하면 바로 죽이지 않고 어린 새끼들에게 주어 사냥법을 가르친다.

사냥에 성공했어도 사자나 하이에나 등에 쉽게 먹이를 빼앗기는 약체에 속한다. 그래서 치타는 경쟁자들이 쉬는 낮에 주로 사냥하고 먹이를 빼앗기지 않기 위해 급하게 내장부터 먹는 습성이 있다.

치타는 아프리카 여행 사파리 게임 드라이브에서 보기 어려운 동물은 아니다.

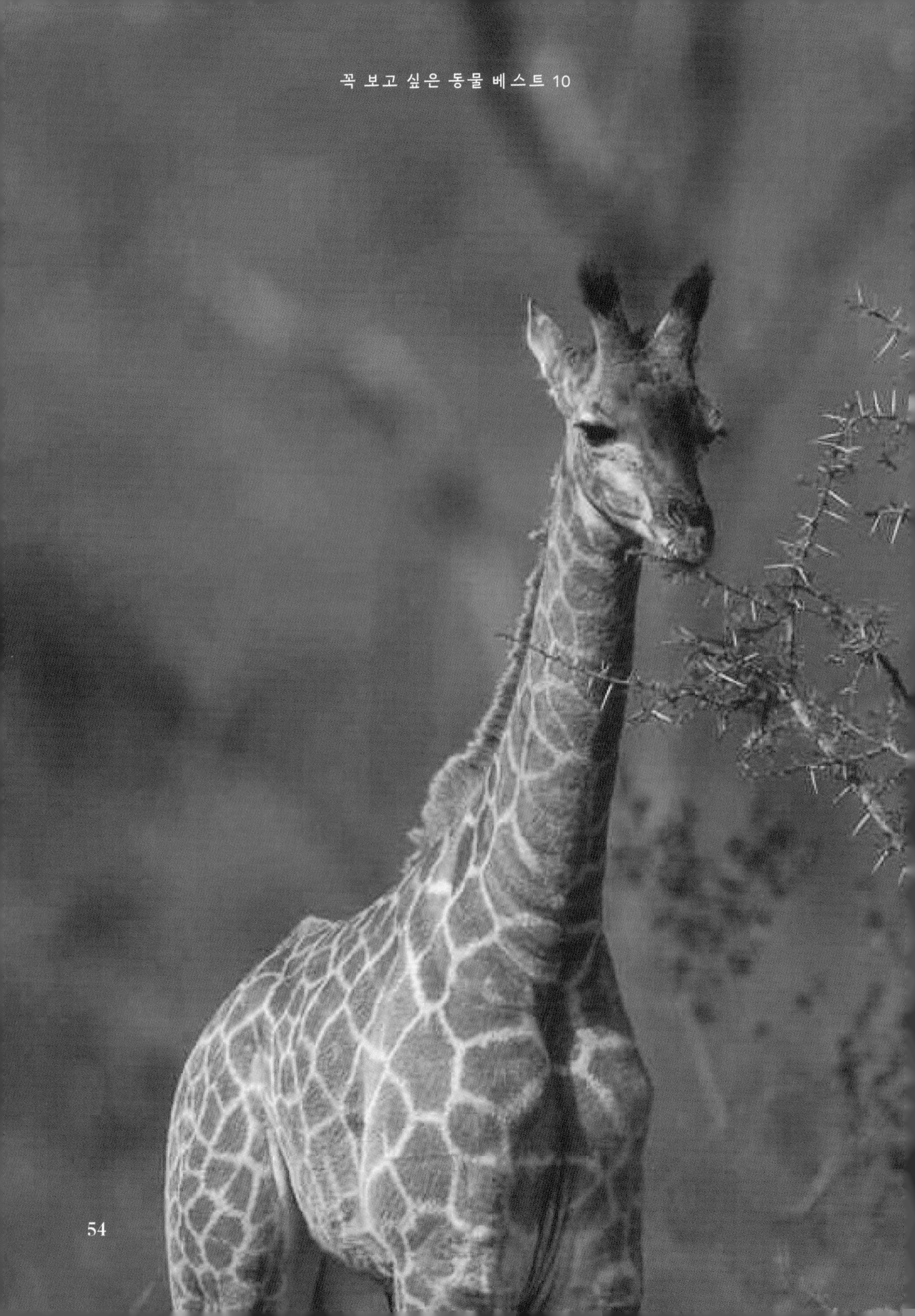

휘파람 가시 나무가 있어야 산다
기린 Giraffe

기린과 포유류. 초식 동물 중 가장 키가 큰 동물로 수컷은 키가 약 5.5m, 암컷 약 4.8m에 이른다. 몸무게는 수컷이 약 1,100~1,950kg, 암컷은 약 700kg이다. 임신 기간은 14개월 정도인데 한 번에 한 마리의 새끼를 낳는다. 출산은 선 채로 하는데 출산 직후 새끼의 키는 약 2m, 몸무게는 약 50~70kg 정도다. 수유 기간은 약 13개월이다.

첫 발정기는 수컷은 4.5년, 암컷은 3.5년이다. 완전히 성체가 되는 나이는 수컷은 7년, 암컷은 5년이다. 짝짓기는 우기에 출산은 건기에 한다. 기린은 단독 생활을 하거나 작은 무리를 이루어 생활한다.

기린의 심장은 10kg이 넘으며 심장에서 머리까지의 길이가 2~3m나 된다. 중력에 대항하여 뇌까지 혈액을 공급하기 위해 일반 대형동물보다 약 2배 강한 혈압을 유지한다. 매우 질기고 두꺼운 껍질이 혈관 표면을 감싸 높은 혈관의 압력을 유지할 수 있다.

목뼈는 사람과 마찬가지로 7개의 척추뼈로 이루어졌는데 하나의 길이가 약 30cm가 넘는다. 암컷과 수컷 모두 머리에 볼록 튀어나온 뿔같이 생긴 작은 뼈가 보이는데 진짜 뿔은 아니다. 암컷은 돌출 뿔에 털이 덮여 있고 수컷은 털이 없어 쉽게 구분할 수 있다. 수컷의 뿔에 털이 없는 것은 목을 번갈아 부딪쳐 싸우는 넥킹(Necking) 때문이다.

기린은 다른 기린과 싸울 때 주로 긴 목을 휘두르며 머리로 친다. 다른 침입자를 발견하면 머리로 목, 엉덩이, 옆구리를 치거나 발로 힘차게 공격을 가한다. 제대로 맞으면 사자도 갈비뼈가 으스러질 정도로 대단하나 안타깝게도 적중률은 제로에 가깝다. 우두머리 수컷은 다른 기린들과는 달리 머리를 높게 쳐들고 있다.

기린은 시력이 좋아 천적들을 멀리서도 쉽게 발견할 수 있다. 천적이 공격하면 오래 달리지 못하지만, 순간 시속 55km로 빠르게 달릴 수 있어 목숨을 보존할 확률이 높다.

기린이 가장 좋아하는 먹이는 휘파람 가시나무(Whistling thorn)인데, 바람이 불면 휘파람 소리가 난다고 해서 이름이 붙었다. 일종의 아프리카 아카시아다. 기린은 50cm의 혀로 휘파람 가시나무의 푸른 잎사귀와 부드러운 가시 등을 뜯어 먹고 물 없이 장시간 견딜 수 있다.

목과 앞다리가 긴 몸 구조상 다리를 벌린 채로 하루에 약 1.5리터 이상의 물을 마신다. 아프리카 응고롱고로에는 기린이 없는데 기린이 좋아하는 휘파람 가시나무가 없기 때문이라고 한다.

주로 아침저녁에 먹이 활동을 하고 더운 낮에는 휴식을 취한다. 밤에는 서서 자기도 하고 누워서도 잔다.

대식가에 겁쟁이 폭군
하마 Hippopotamus

하마과 포유류 초식 동물인 하마는 몸길이가 약 3~3.7m,
어깨높이는 1.3~1.7m다. 몸무게는 수컷 1,500~3,000kg,
암컷 1,000~2,000kg이다. 암컷은 5년이 지나 첫 발정을
시작한다. 임신기간은 8개월이고 한 번에 한 마리의 새끼를
낳는다. 평균수명은 약 35~50년이다.
새끼 하마는 태어나자마자 수영을 하며 물속에서 젖을 먹는
다. 물속에서 젖을 먹는 이유는 너무 뚱뚱해서 땅에서는 생
활하기 힘들기 때문이다. 하마는 덩치에 비해 예민하고 겁이
많아서 작은 소리에도 허둥거리며 물속으로 뛰어 들어간다.

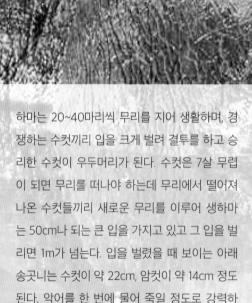

하마는 20~40마리씩 무리를 지어 생활하며, 경쟁하는 수컷끼리 입을 크게 벌려 결투를 하고 승리한 수컷이 우두머리가 된다. 수컷은 7살 무렵이 되면 무리를 떠나야 하는데 무리에서 떨어져 나온 수컷들끼리 새로운 무리를 이루어 생하마는 50cm나 되는 큰 입을 가지고 있고 그 입을 벌리면 1m가 넘는다. 입을 벌렸을 때 보이는 아래 송곳니는 수컷이 약 22cm, 암컷이 약 14cm 정도 된다. 악어를 한 번에 물어 죽일 정도로 강력하다.

하마는 몸의 털이 듬성듬성 나 있어서 낮에는 햇빛으로부터 피부를 보호하기 위해 호수, 강, 늪 등에서 지내다가 밤에 육지로 올라와 풀을 먹는다. 하루에 풀을 50~60kg 먹는 대식가이다.

하마는 돼지의 먼 친척뻘이 되는데 돼지와 달리 앞발과 뒷발에 물갈퀴가 있다. 머리와 목이 매우 크고 콧구멍은 물속에서 쉽게 여닫을 수 있다. 물속에서 약 6분가량 버틸 수 있는 대단한 잠수 실력을 가지고 있다.

하루 종일 물속에서 지내므로 헤엄을 잘 칠 것으로 생각되지만 사실은 땅을 짚고 헤엄치는 것이다. 가끔은 물속으로 들어가긴 해도 보통 자신의 높이에 맞는 물에서 지낸다.

커다란 덩치와 달리 순간 속도는 빠른 편으로 시속 30km 이상 달릴 수 있다. 보기보다 민첩하므로 사파리 시 주의해야 한다. 특히 시력이 좋지 않아 물가에 있는 사람을 적으로 간주해서 공격할 때도 있다.

침묵의 포식자

악어 Crocodile

악어과 파충류 아프리카 나일악어(Nile crocodile)
는 파충류 중 가장 큰 포식자이다. 악어의 몸무게는 약
250~700kg이며 몸길이 약 3.5~5.5m이다. 수컷이 암컷보
다 30% 크다.

짝짓기는 물속에서 이루어지고, 두 마리 모두 물속에서 물
장구를 치다가 수컷이 암컷의 등위로 올라가 교미한다. 암
컷은 알을 낳을 적당한 모래 언덕을 골라 30~40cm 깊이
의 구멍에 알을 낳는다. 90일쯤 지나면 새끼가 부화하는데
새끼들은 몸무게가 약 120g 정도다.

나일악어는 둥지의 온도에 따라 새끼의 성별이 결정된다. 섭씨 26~30도의 온도에서는 암컷 악어가 태어나고, 섭씨 31~34도의 온도에서는 수컷이 태어난다.

머리는 삼각형이고 꼬리는 전체 길이의 40%를 차지하며 꼬리의 등 부분에는 두 개의 용골이 솟아 있다. 몸은 뼈로 이루어진 커다란 비늘판과 뿔 모양의 등껍질로 덮여 있다.

순간적인 공격 속도는 시속 100km에 이르고, 육지에서 최대 시속 15km에 이른다. 나일악어는 육지에서 달릴 때 놀라울 정도로 빠르게 회전할 수 있으며 몸을 지면에서 들어 올린 채 짧은 거리를 단숨에 뛰어갈 수 있다.

주둥이 끝을 물 위로 내밀면 물속에서 입을 벌리고 있어도 구강부가 2장의 판으로 닫혀 있으므로 식도에 물이 들어가지 않고 숨을 쉴 수 있다. 먹이를 잡았을 때는 물속으로 끌고 들어가 콧구멍으로 숨을 쉬면서 질식시킨다. 물속에 들어가면 콧구멍과 귓구멍이 닫히고, 눈은 투명한 순막으로 덮여 있어 영향받지 않는다.

66개의 송곳 같은 이빨을 가지고 있는 악어는 한 번 먹이를 물면 놓치지 않는다. 다 자란 악어의 몸 색깔은 올리브색이나 회색이고 복부는 노랗거나 크림색이다. 어린 새끼들은 불규칙적으로 나 있는 검은 반점과 함께 초록빛을 띠면서 밝은 편이다.

나일악어는 햇볕을 이용해 체온을 유지하느라 그늘에 들락날락한다. 더운 날에는 입을 벌려서 입 속의 점막을 통해 수분을 증발시키면서 체온을 조절한다. 헤엄칠 때는 널찍하고 강한 꼬리가 노와 방향 역할을 한다. 꼬리는 35톤의 힘으로 후려칠 수 있다. 힘들이지 않고 앞으로 나아갈 수 있으며, 뒷발에 있는 물갈퀴가 앞으로 전진하게 한다.

주로 어류를 잡아먹지만, 가끔은 누, 얼룩말, 영양, 혹멧돼지도 잡아먹는다. 1년에 자기 몸무게의 50%만 먹고도 견딜 수 있다고 한다. 파충류 중에서 가장 영리하고 인내심이 강하다.

탄자니아 세렝게티에서 케냐의 마사이마라까지 1,600km에 이르는 누의 대이동에서 죽음을 각오해야 하는 가장 위험한 순간은 그루메티강과 케냐의 마라강을 건널 때다. 그루메티강과 마라강에 1년에 한 번씩 찾아오는 누 떼의 방문은 1년 치 양식을 한 번에 해결할 수 있는 가장 큰 기회이다. 악어는 단 한 번의 기회로 1년 치의 양식을 얻기도 한다.

디즈니 영화 '라이온 킹'에 나오는 품바가 나야

혹멧돼지 Warthog

멧돼지과 포유류 눈 밑과 송곳니 사이에 혹이 붙어 있어 혹멧돼지로 불린다. 잡식성인 혹멧돼지의 몸길이는 90~150cm, 어깨높이는 65~85cm, 몸무게는 50~150kg이다. 위쪽 송곳니의 길이는 수컷이 26~64cm, 암컷은 15~26cm인데 입 밖으로 삐져나와 위쪽으로 자란다.

임신 기간은 약 5~6개월로 한 번에 2~8마리의 새끼를 낳는다. 대초원에서 암컷 여러 마리와 새끼로 구성된 4~15마리가 모여 무리지어 생활한다.

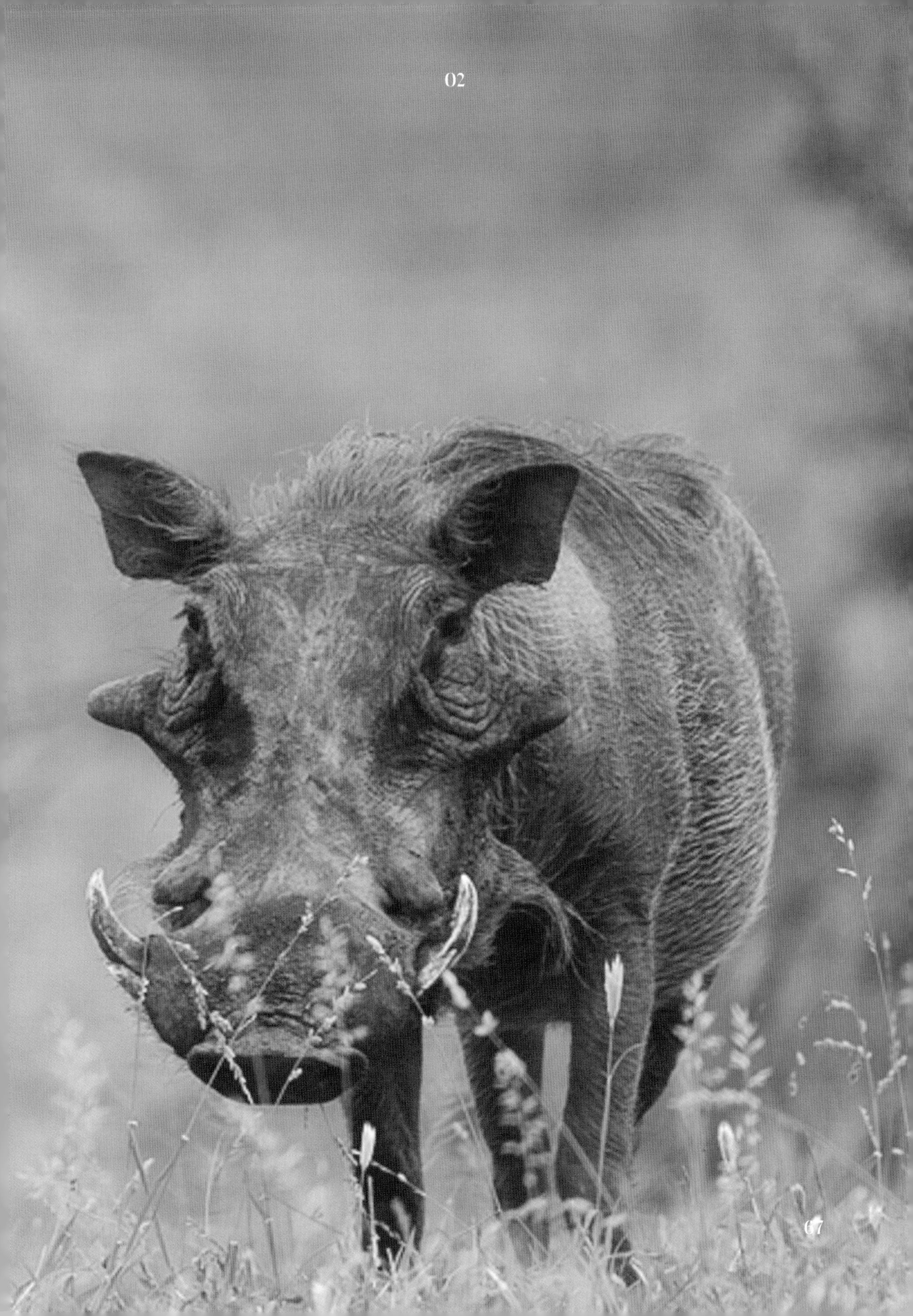

새끼들은 태어나 일주일 동안 젖을 먹고, 그 후부터 젖과 함께 작은 풀을 뜯어 먹는다. 6개월이 지나면 젖을 뗀다. 건기에는 코와 송곳니를 이용해 식물의 뿌리를 파먹는다. 꼬리를 쳐들고 종종걸음으로 이동할 때는 귀엽기도 하다. 다부진 몸매에 짙은 갈색 갈기가 엉덩이 위까지 이어져 있다. 디즈니 만화 영화 '라이온 킹'에 나오는 품바가 혹멧돼지이다.

천적은 사자, 표범, 치타, 하이에나, 리카온, 나일악어 등이다. 새끼는 독수리에게도 잡아먹힌다. 꿀꿀거리며 풀을 뜯어 먹고 굴을 파서 살고 있다.

주로 낮에 활동한다. 앞다리가 길어 작은 풀을 먹기 위해 앞무릎을 꿇고 식사를 한다. 시속 50km까지 달릴 정도로 빠르다.

모래흙이나 진흙 목욕을 좋아하는데, 이는 몸의 온도를 낮추고 햇빛과 기생충으로부터 피부를 보호하기 위해서다. 시속 50km까지 달릴 정도로 빠르다.

모래흙이나 진흙 목욕을 좋아하는데, 이는 몸의 온도를 낮추고 햇빛과 기생충으로부터 피부를 보호하기 위해서다.

동물 대이동 누의 동반자
얼룩말 Zebra

말과 포유류 아프리카 사파리 시 주로 보는 얼룩말은 사바나얼룩말이다. 얼룩말의 어깨높이는 1.2~1.4m이며 몸길이는 1.9~2.4m에 이른다. 몸무게는 수컷이 230~350kg, 암컷은 200~300kg 정도다. 임신 기간은 12개월로 한 번에 한 마리의 새끼를 낳는다. 평균 수명은 15~25년이다. 시속 최대 65km의 속도로 달린다.

새끼 얼룩말은 엄마와 겹쳐서 서 있다. 겹쳐서 서 있으면 줄무늬가 연결되어 보이기 때문에 천적들에게 큰 얼룩말로 보이게 된다고 한다. 엄마가 동쪽을 바라보고 있으면 새끼는 서쪽을 바라보며 초원의 맹수들을 감시한다.

얼룩말의 멋진 줄무늬는 인간의 지문처럼 각각 다른 특색을 가지고 있다. 새끼 얼룩말은 엄마의 무늬와 냄새를 기억하고 있어 많은 무리 속에서 엄마를 찾을 수 있다.

얼룩말은 대이동 시, 누의 동반자로 긴 여정을 함께한다. 청각이 발달한 얼룩말은 매우 예민하고 눈이 밝아 천적인 사자와 표범의 존재를 누에게 알려주기도 한다. 누는 20km 거리에 있는 물 냄새를 맡을 수 있어 대이동의 가이드 역할을 한다 얼룩말은 밤에도 계속해서 풀을 뜯어 먹으며 얕은 잠을 잔다. 무리 중 한 마리는 선 채로 망을 본다. 얼룩말은 땅에 등을 문지르는 습성이 있는데 이것은 피부 상태를 좋게 유지하고 체온을 낮추는 데 도움이 되기 때문이다.

어린 암컷들이 발정기가 되면 독특한 자세를 취하는데, 네 다리를 벌리고 꼬리는 세우고 서있다. 암컷을 얻기 위한 경쟁은 매우 치열하다. 암컷 한 마리를 놓고 수컷 열 마리 이상이 싸움을 벌인다.

새끼들은 태어나서 10분 정도면 설 수 있다. 1시간이 지나면 걷고 달릴 수 있다. 얼룩말의 무기는 뒷발차기로 천적들의 턱을 으스러뜨릴 수 있다. 이빨도 매우 강하고 날카롭다.

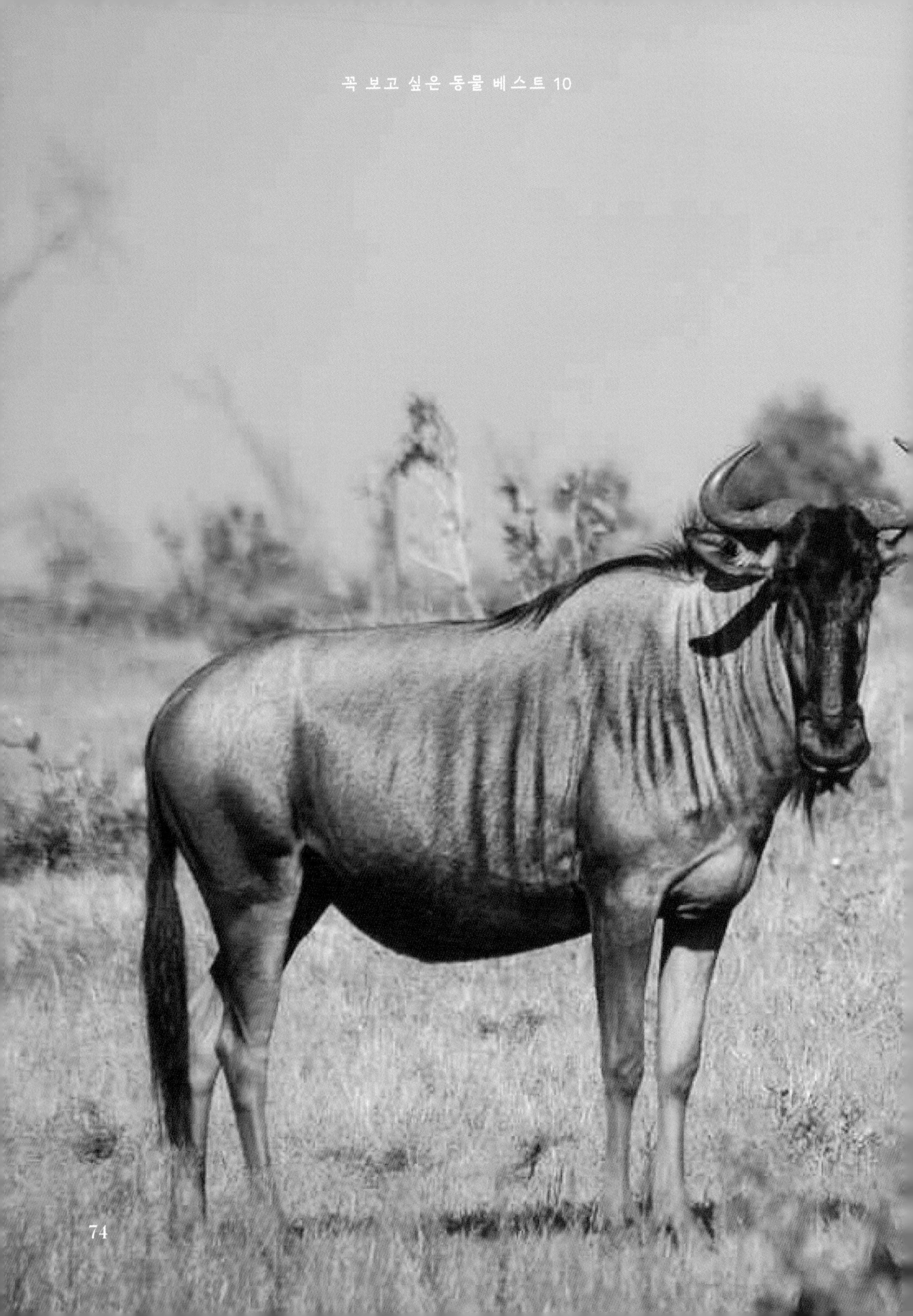

동물 대이동 마이그레이션의 주인공
누 Wildebeest

소과 포유류 와일드비스트, 검은꼬리뿔말, 뿔말이라고도 불린다. 아프리카에서 초원의 못난이라고 불리는 누는 몸길이가 약 1.7~2.4m, 어깨높이는 1.2~1.5m, 몸무게는 암컷이 150~180kg, 수컷이 180~300kg이다. 임신 기간은 약 8개월이며 한 번에 한 마리의 새끼를 낳는다. 수명은 12년 정도이며 우두머리 수컷이 세력권을 갖고 암컷과 새끼들을 보호한다.

누는 여러 동물을 닮은 특이한 외모를 지니고 있는데, 몸통은 소를 닮았고 암수 모두 뿔이 있다. 말을 닮은 얼굴에 말처럼 검은 꼬리와 어깨 갈기를 가지고 있다. 그리고 염소처럼 하얀 턱수염이 있다.

습기가 있는 풀을 먹고 살며, 신선한 풀을 찾아 이동한다. 세렝게티의 건기에는 풀을 찾아 1,600km가 넘는 거리를 이동하기도 한다. 이동할 때 적게는 20~50마리, 많게는 200~300 마리가 무리 지어 10km 이상을 이동한다. 아침저녁에 한 번은 물을 먹어야 한다. 풀에서 섭취한 수분으로는 최대 5일쯤 견딜 수 있다.

세렝게티의 11~12월은 소우기로 불리는데 이 시기에 비를 맞고 자란 풀은 누의 출산에 필요한 영양분을 함유하고 있다. 대략 2~3월이면 어미 누 수십만 마리가 새끼를 낳는다. 태어나자마자 맹수들의 먹잇감으로 목숨을 잃게 되는 어린 새끼들은 사자, 표범, 하이에나, 치타, 리카온들의 배를 채우기에 풍족하다. 따라서 세렝게티의 관광 시즌도 1월~3월이다.

외롭지 않아 난 혼자가 좋아
자칼 Jackal

아프리카 검은등자칼은 갯과 동물로 들개와 여우를 닮았다. 단독으로 생활하며 주로 해 질 무렵부터 활동을 시작한다. 작은 몸집에 홀로 생활하기 때문에 사자나 하이에나가 사냥한 먹잇감 주변에서 어슬렁거리며 눈치를 살피다 떨어진 먹이나 남은 것을 얻어먹는다. 자칼이 보인다는 것은 주변에 사자나 하이에나가 있다는 말이다. 몽구스나 영양류의 새끼들을 사냥하기도 한다.

한 번에 약 3~6마리 새끼를 낳는다. 새끼는 태어난 직후부터 2주 동안 굴에서 지내는데 부모 자칼이 되새김질한 고기를 먹는다. 자칼 새끼들은 독수리, 표범, 아프리카비단뱀 등에 목숨을 잃기도 한다.

02

초원의 파수꾼

몽구스 Mongoose

족제비와 비슷하게 생겼다. 몸길이는 약 40~50cm로 꼬리가 길고 발가락이 5개다. 보통 30~40마리가 무리를 지어 활동한다. 흰개미 탑을 부수어 잡아먹는 것을 좋아한다. 몸이 재빨라 뱀도 잘잡고 새알이나 곤충 등을 먹기도 한다. 천적은 독수리이다. 찍찍거리고 돌아다니며 무리 중 한 마리를 파수꾼처럼 세워 놓는다. 두발을 모아 서서 주위를 살피는 모습이 귀엽게 보인다.

몽구스와 거의 유사한 미어캣은 디즈니 영화 '라이온 킹'에 나오는 티몬으로 알려져 있다. 발가락이 4개인 미어캣은 주로 남부 아프리카에 서식하고 몽구스는 사바나 초원 세렝게티나 마사이마라에 서식한다.

아프리카 사파리 게임 드라이브에서는 다양한 새들을 관찰할 수 있다.
그중에서 대표적인 몇 종류만 소개한다.

사바나의 날개
새들의 비밀

베 짜 는 새

Weaver

참새만 한 크기의 작은 새로 주로 곤충을 잡아먹지만, 가끔은 농가
에 피해를 주기도 한다. 무리 생활을 하고 번식기에는 수컷 한 마
리가 암컷 여러 마리를 거느린다. 풀 줄기로 예쁜 둥지를 만드는
건축가다. 둥지의 바닥 쪽이 입구다. 나무를 자세히 살펴보면 베짜
는새 위버의 둥지가 매달려있는 모습을 볼 수 있다.

소등쪼기새

Oxpecker

소등쪼기새는 누, 얼룩말, 코뿔소, 기린 등 초식동물의 몸에서 기생충이나 벌레를 잡아먹는다. 맹수의 공격으로 상처를 입은 초식동물의 피를 보면 흥분한다. 상처를 쪼아 피와 살점을 먹으면 소등쪼기새에게는 최고의 영양식이지만 동물들의 상처를 더 악화시키기도 한다.

회색관두루미
Crowned Crane

참새만 한 크기의 작은 새로 주로 곤충을 잡아먹지만, 가끔은 농가에 피해를 주기도 한다. 무리 생활을 하고 번식기에는 수컷 한 마리가 암컷 여러 마리를 거느린다. 풀 줄기로 예쁜 둥지를 만드는 건축가다. 둥지의 바닥 쪽이 입구다. 나무를 자세히 살펴보면 베짜는새 위버의 둥지가 매달려있는 모습을 볼 수 있다.

붉은배 찌르레기
Superb Starlings

붉은배 찌르레기는 몸길이가 24cm 정도 된다. 무지갯빛의 아름다운 깃털을 가진 매우 예쁜 새다. 아프리카 사람들에게 많은 사랑을 받는 새다. 사람 곁에 날아와서 과자나 빵조각을 기다리기도 한다. 주로 해충을 잡아먹지만, 과일이나 곡식에 피해를 주기도 한다.

비 서 새
Secretary Bird

뱀잡이수리로 불리는 비서새는 유일하게 육상에서 서식하는 맹금류이다. 20개의 검은색 장식깃이 마치 비서가 귀 뒤에 깃촉 펜을 꽂고 다니는 것처럼 보여 비서새라는 이름이 붙었다고 한다. 걸어 다니며 주로 뱀과 도마뱀을 잡아먹는다. 뱀은 땅에 찍거나 두들겨서 잡으며 때로는 공중에서 떨어뜨려 죽이기도 한다.

호 로 새

Helmeted guineafowl

색시닭이라고도 하는 호로새는 몸길이 43~74cm, 몸무게 1.8kg
이다. 목에는 푸른빛을 띤 회색의 늘어진 살이 있다. 수컷의 늘어
진 살이 암컷보다 훨씬 크다. 몸은 땅딸막하고 검은색 바탕에 흰
반점이 불규칙하게 있다. 잡식성으로 과일, 씨앗, 풀, 곤충, 개구리
등을 먹는다. 성질이 야생적이어서 농가에서 기르기 어려워 주로
동물원에서 사육한다.

안 장 부 리 황 새
Saddle - Billed Stork

몸길이 약 142cm, 몸무게 5.1~7.5kg, 날개폭 240~270cm이다.
머리, 목, 등, 날개, 꽁지는 검은색이고 광택에 의해 방향에 따라
다른 색으로 보인다. 몸의 대부분은 흰색이다. 부리는 붉은색이고
중간에 굵은 검은색 줄무늬가 있다. 윗부리의 콧등 부분은 노란색
이다. 다리와 발은 검은색이고 무릎은 분홍색이다.

늪지, 습한 초원, 강가, 호숫가 등에 서식한다. 어류, 개구리, 게, 소
형 조류, 파충류 등을 먹는다. 건기 중 또는 우기의 끝 무렵에 1~2
개의 알을 낳는다. 텃새이다. 남부 아프리카에 넓게 분포한다.

대 머 리 황 새
Marabou Stork

아프리카민머리 황새라고도 한다. 몸길이 1.5m, 날개를 펴면 1.8m 에 이르고, 몸무게는 약 9kg, 수명은 약 25년이다. 머리와 목에는 털이 없고, 길게 늘어진 붉은 목주머니가 있다. 붉은 목주머니를 부풀려 구애 행동에 이용한다. 등과 날개는 검정 또는 진한 회색이 고 배는 흰색이다. 아프리카 대초원의 청소부로 썩은 고기나 사체 를 먹어 치우기 때문에 질병을 막아주는 역할을 한다. 또한 개구 리, 뱀, 물고기 등도 잡아먹는다.

독수리
Vulture

독수리의 독은 대머리를 뜻한다. 독수리, 민머리수리, 대머리수리
로 불러야 한다. 큰 몸집에 비해 움직임이 날렵하여 사자, 하이에
나, 치타 등이 사냥한 걸 바로 옆에서 눈치를 살피며 같이 뜯어먹
기도 하고, 맹수들끼리 먹잇감을 놓고 싸우고 있을 때 그 틈에 슬
쩍 먹기도 한다. 독수리 떼가 보이는 곳에는 먹잇감이 있으므로
사자나 하이에나들도 독수리의 위치를 자주 살핀다.

타 조
Ostrich

조류 가운데 가장 크지만 날지 못한다. 머리 높이는 약 2.4m, 몸무게는 약 110kg 정도다. 시속 80km의 속도를 낼 정도로 매우 빠르다. 수컷은 암컷보다 크며 검정과 흰 깃털로 덮여 있다. 수컷은 멱주머니로 소리를 내며 깃털을 피고 춤을 추며 구애 행동을 한다. 보통 수컷 한 마리가 암컷 3~5마리를 거느린다. 암컷은 갈색 깃털을 가지고 있으며 보통 6~8개의 알을 낳는다. 지름이 15cm, 무게는 약 1.5kg의 타조알은 표면이 두껍고 크림색을 띤다.

분홍가슴파랑새

Lilac - breasted roller

아프리카 동남부 사바나 지역에 서식하는 분홍가슴파랑새(라일락파랑새)는 몸 색깔이 꽃처럼 화려하며 케냐의 국조이기도 하다. 몸길이는 36~40cm, 몸무게는 90~110g, 수명은 약 10년이다. 아름다운 파란색뿐만 아니라 가슴 쪽의 분홍색 깃털은 매혹적이기까지 하다. 나무 구멍에 둥지를 틀고 2~4개의 알을 낳는다. 새끼는 부화 후 1개월 안에 깃털이 난다. 거미, 도마뱀, 곤충 등을 잡아먹는다.

남부노랑부리 코뿔새
Southern yellow – billed hombill

몸길이 48~60cm에 몸무게는 132~242g 정도의 중형 새로 수명
은 약 20년 정도다. 노란색의 굽은 부리가 특징인데, 몸에 비해
큰 부리를 가지고 있다. 수컷의 부리는 약 9cm, 암컷의 부리는 약
7.4cm이다. 하얀 배와 회색 목, 하얀 반점과 줄무늬가 있는 검은
등 깃털을 가지고 있다. 땅이나 관목에서 곤충을 잡아먹는다. 번식
기의 커플을 제외하고 주로 단독 생활을 한다. 디즈니 영화 '라이온
킹'에 등장하는 자주(Zazu)가 바로 이 새다.

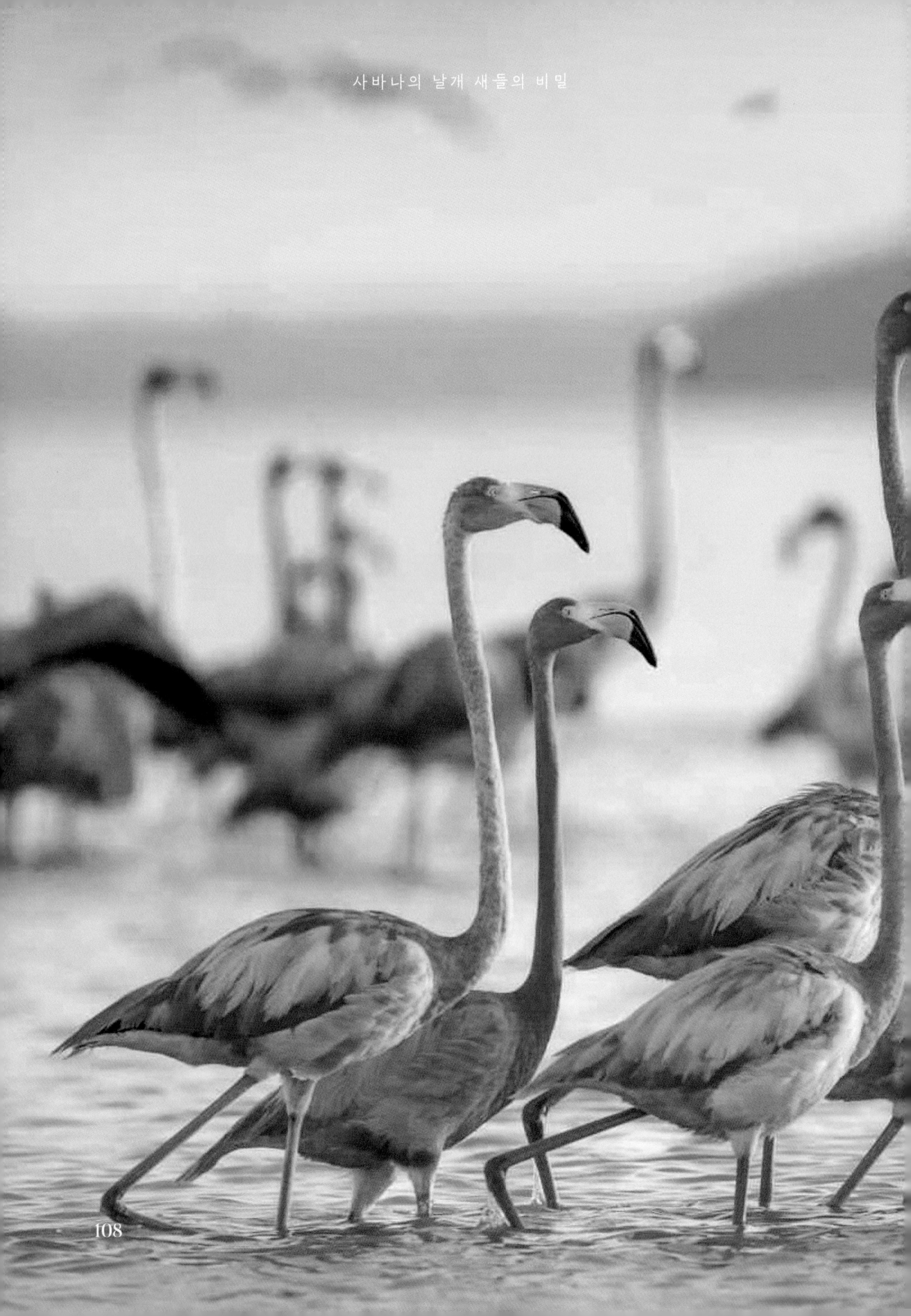

03

홍학

Flamingo

홍학은 플라밍고라고도 한다. 몸길이는 0.8~1.5m, 몸무게는 2.5~3kg의 대형 새다. 부리 끝이 검고 목과 다리가 가늘고 길어 우아해 보인다. 흰색과 분홍색이 어우러져 예쁜 빛깔의 날개 깃털로 유명하다. 갓 부화한 새끼는 회색인데, 홍학의 먹이인 게와 새우 등 갑각류에는 아스타신이라는 붉은 색소가 있어 이것을 먹은 홍학의 몸이 빨갛게 변하게 된다고 한다. 홍학은 암수 모두 크롭밀크를 생산할 수 있다.

초원의 생존을 지키는 최약체
영양류

아프리카 사파리 게임 드라이브를 할 때 여러 종류의 영양들을 관찰하게 되는데 이름이 익숙하지 않아 많이 헷갈린다. 여행 후에도 어떤 영양을 봤는지 이름이 기억나지 않아 답답하다. 그럴 때 확실하게 기억할 수 있도록 대표 선수들을 소개한다.

일 런 드 Eland

일런드는 초식 동물로 영양 가운데 가장 몸집이 크다. 일런드의 몸무게는 수컷 약 900kg, 암컷 약 550kg이다. 뿔의 모양은 나선형이고, 수컷 뿔의 크기는 0.8~1.2m 정도다. 암컷의 뿔은 그보다 가늘고 작다.

등에 가느다란 줄무늬가 있으며 목젖 부분이 늘어졌다. 나이 먹은 수컷은 이마에 풍성한 털이 났다. 무리 지어 생활하며 풀을 찾아 이동한다. 1년 내내 번식하며 한 번에 한 마리의 새끼를 낳는다. 새끼의 몸무게는 약 30kg이고, 생후 8개월 정도에 젖을 뗀다. 성질이 온순해서 길들이기 좋고 고기 맛도 좋다.

쿠두 Kudu

쿠두는 일런드 영양 다음으로 크다. 쿠두의 몸무게는 수컷이 약 300kg이고 암컷은 200kg 정도다. 몸에는 선명한 수직 줄무늬 7~9개가 보인다. 암컷은 뿔이 없고, 수컷은 목에 긴 갈기가 있으며 1m가 넘는 긴 뿔을 가지고 있다. 뿔은 5살까지 자란다.

민첩한 편이라 멀리 뛰거나 높은 장애물도 쉽게 넘는다. 1마리 새끼를 낳는다. 새끼는 몸무게가 약 15kg으로 생후 6개월 정도에 젖을 뗀다. 수컷은 두 살이 되면 무리를 떠나 수컷끼리 무리 지어 생활한다.

오릭스 겜스복 Oryx Gemsbok

오릭스 속의 한 종류인 겜스복은 남아프리카 오릭스라고도 한다. 오릭스 종류 중 가장 개체 수가 많다. 어깨높이 1.4m, 몸무게는 평균적으로 수컷 240kg, 암컷 210kg이다. 얼굴의 검은 색 무늬가 특징이고 몸은 엷은 노란빛을 띤 갈색, 꼬리는 검은색이며 다리와 배 쪽은 흰색에 검은 무늬가 보인다. 암수 모두 긴 뿔이 있지만, 수컷이 조금 더 크다.

임신 기간은 280일 정도로 한 번에 한 마리의 새끼를 낳는다. 일부다처로 무리를 지어 생활 한다. 주식은 나뭇잎과 열매를 먹는다. 천적은 사자, 하이에나, 표범, 리카온 등이다. 주로 남아 프리카 사막 지대 및 사바나에 서식한다.

워 터 벅 Waterbuck

워터벅의 몸무게는 수컷 약 250kg, 암컷 약 200kg이다. 수컷만 뿔이 있으며 뿔의 길이는 약 90cm이다. 엉덩이에 흰색의 동그란 무늬, 목에도 흰색 줄무늬가 있고 입과 코 주변은 흰색이다. 물이 있는 주변에서 무리 지어 생활한다. 무리 중 7~9살 정도의 힘센 수컷이 자기 영역을 가진다. 수컷들끼리 무리생활을 할 때는 몸 크기, 힘의 세기, 뿔의 길이 등으로 서열을 가린다.

피부선에서 나오는 분비물은 냄새가 지독해 천적들이 싫어한다. 천적의 공격을 받으면 물속으로 들어가 헤엄쳐서 도망간다. 출산 며칠 전에 무리에서 떨어져 덤불숲에서 한 마리의 새끼를 낳는데 아무도 모르게 2~4주 정도 숨겨 놓는다.

토피 Topi

토피의 몸무게는 수컷 약 170kg, 암컷 약 130kg이다. 암수 모두 뿔이 있다. 뿔의 길이는 약 60cm이다. 앞다리와 엉덩이 쪽에 검은 반점 무늬가 있다. 큰 무리를 만들지 않고 다른 영양류와 함께 생활한다.

하트비스트 Hartebeest

하테비스트라고도 한다. 하트비스트의 몸무게는 수컷이 약 150kg, 암컷은 120kg 정도다. 암수 모두 25~38cm 정도의 갈고리 모양의 뿔이 있다. 꼬리 끝에 검은색 긴털이 나 있다. 얼굴이 좁고 길어 말영양이라고도 부른다.

아침과 저녁에 풀을 뜯어 먹고, 더운 낮에는 휴식을 취한다. 위험을 느끼면 콧소리를 내며 서로 경계를 취한다. 수십 마리에서 많게는 수백 마리씩 무리 지어 생활한다. 수컷이 여러 마리의 암컷과 새끼를 거느린다.

톰슨가젤 Thomson's gazelle

1883년 마사이마라를 방문한 영국의 탐험가 조셉 톰슨 Joseph Thomson의 이름을 따서 톰슨가젤이라고 명명했다. 옆구리 쪽에 검은 줄무늬가 있고, 까맣고 짧은 꼬리를 계속 흔들어 대는 작고 귀여운 가젤이다.

아프리카 사파리 중에 흔하게 볼 수 있는 동물로 60~70cm의 키에 몸길이는 90~110cm 정도 된다. 몸무게는 수컷 20~30kg, 암컷 15~22kg 정도다. 암수 모두 뾰족한 뿔이 있으며 수컷은 25~45cm, 암컷은 7~15cm에 달한다. 임신 기간은 5~6개월이며 한 번에 한 마리의 새끼를 낳는다. 수명은 약 10년이다.

5~60마리 정도씩 무리 지어 생활하며 풀이 주식이라 풀을 찾아 이동한다. 매우 민첩하고 빠르게 달리며 순간적으로 방향을 전환할 수 있다. 빠른 스피드 덕분에 맹수들의 공격을 미리 알아채기만 하면 목숨을 구할 수 있다.

천적은 치타로, 치타의 먹잇감 중 90%가 톰슨가젤이다. 출산 시기의 암컷이나 갓 태어난 새끼들은 치타의 가장 쉬운 먹잇감이 된다.

04

그랜트 가젤 Grant's gazelle

19세기 영국의 탐험가 그랜트의 이름을 따서 그랜트 가젤이라고 명명되었다. 또한 가젤 중에 가장 큰 편으로 키가 70~90cm 정도이며 몸길이는 평균적으로 1.4~1.6m에 이른다. 몸무게는 수컷이 60~70kg, 암컷은 40~50kg이다. 임신 기간은 6~7개월이며 한 번에 한 마리의 새끼를 낳는다. 수명은 약 12년이다.

반사막 지대나 초원에 산다. 등 쪽은 담황색, 엉덩이와 배 쪽은 흰색이며 꼬리 끝은 검은색을 띤다. 엉덩이에 검은 줄무늬가 있다. 양쪽 뿔에서 입까지 흰 줄무늬가 나 있다. 암컷은 수컷보다 몸집이 작으며 뿔도 가늘고 짧다. 뿔의 길이는 45~80cm이다.

30마리 정도씩 무리 지어 생활한다. 번식기에는 수컷이 세력권을 형성하고, 새끼를 거느린 암컷, 세력권이 없는 단독 수컷 무리로 구성된다. 건기에는 암수 함께 큰 집단을 이룬다. 1~3월 세렝게티 초원에서 수백 마리의 그랜트 가젤 떼를 볼 수 있다.

그랜트 가젤은 톰슨가젤과 어울려 다니며 주로 풀이나 작은 나뭇잎을 먹는데, 치타 다음으로 빠르고 지구력도 가지고 있다. 맹수의 공격을 받으면 전속력으로 달리다가 갑자기 높이 뛰어오르며 도망갈 수 있어 톰슨가젤이나 임팔라처럼 쉬운 먹잇감은 아니다.

임팔라 Impala

사파리 시 흔히 볼 수 있는 임팔라는 88~100cm 정도의 키에 몸길이는 1.1~1.6m 정도 된다. 몸무게는 수컷 약 60kg, 암컷은 약 45kg이며 임신 기간은 약 170일로 한 번에 한 마리의 새끼를 낳는다. 수명은 12년 정도다.

수컷에만 뿔이 있는데 길이는 50~75cm에 가늘고 긴 하프 모양이다. 붉은빛을 띤 갈색의 등과 연한 황토색의 옆구리 아래쪽이 뚜렷한 경계를 보인다. 엉덩이에는 두 줄의 검은 띠가 있다. 배와 다리의 안쪽, 턱은 흰색이다. 뒷다리 아랫부분에 난 검은 털 뭉치가 사향 분비샘이 위치한 곳이다.

강력한 수컷 한 마리와 15~20마리의 암컷, 새끼들로 무리를 이루어 생활하고, 건기에는 암수 100마리가 넘을 정도로 큰 무리생활을 한다. 어린 수컷들은 7개월이 지나면 가족을 떠나 세력권이 없는 수컷들로 구성된 무리에 합류하여 떠돌이 생활을 한다. 하지만 암컷 무리를 거느린 수컷 우두머리가 약해 보이면 결투를 벌여 우두머리를 쫓아내고 그 무리 전체를 차지한다.

임팔라는 주로 어린싹이나 풀, 나뭇잎을 먹고 하루에 한 번 물을 마신다. 시속 60km의 빠른 속도와 3m 정도 점프가 가능하다.

스프링복 Springbok

120~150cm의 키에 무게는 20~59kg 정도이다. 몸은 갈색이고 옆구리에 검은 줄무늬가 앞뒤로 이어지며 배 부위는 흰색이다. 뿔은 암수 모두 S자 모양으로 길이가 약 35cm 정도에 달한다. 한 번에 한 마리의 새끼를 낳고 임신 기간은 약 170일이다. 수명은 약 10년이다.

네 다리를 붙였다가 늘여서 등을 둥글게 하고 머리를 낮게 한 채로 반복하여 뛴다. 시속 88km 속도로 달릴 수 있고, 4m 높이까지 뛸 수 있다. 말 그대로 스프링 Spring처럼 뛰어오르는 영양 bok이다.

1,500마리까지 큰 무리를 형성하고 나이 든 수컷은 자신의 영역을 가진다. 암컷과 독신자 수컷은 따로 무리를 만든다. 먹이는 나뭇잎, 풀, 꽃을 먹는다. 물이 없어도 오래 견딜 수 있다. 천적으로는 사자, 치타, 표범, 점박이하이에나, 아프리카 들개 등이다. 나미비아나 남아공 사파리에서 많이 볼 수 있다.

CONTENTS

남아프리카
공화국

럭셔리 기차 여행
블루 트레인 & 로보스 레일

아프리카 럭셔리 기차 여행 노선은 블루 트레인과 로보스 레일이 있다. 그중에 프레토리아에서 케이프 타운까지 또는 역방향으로 케이프타운에서 프레토리아까지 약 1,600km를 2박 3일간 달리는 구간이 가장 인기 있다. 블루 트레인은 총 41개 객실에 최대 82명의 승객이 탑승할 수 있고, 로보스 레일은 36개의 객실에 최대 72명까지 탑승할 수 있다. 중간 기착지인 킴벌리에는 다이아몬드 광산 박물관 투어가 있다. 누군가에게 특별하고 품격 있는 여행을 선물하고 싶다면 이보다 좋은 여행 상품은 없을 것이다.

블루 트레인 THE BLUE TRAIN

달리는 5성급 호텔로 불리며 럭셔리 기차 여행의 대명사가 된
블루트레인은 증기 기관차의 외관을 청색으로 칠해서 이러한
이름이 붙었다. 제2차 세계 대전 중에는 군용으로 쓰이기도
했던 블루 트레인은 1964년에 민간 업체로 넘어가 오늘날에
이르렀다. 블루 트레인 전용 기차역이 있고 역에서부터 품위
있는 버틀러(Butler) 서비스가 제공된다. 고객을 위한 간단한
음료와 다과가 준비된다.

밤에는 침실

낮에는 소파와 테이블

아침과 점심은 캐주얼 복장으로 편하게 식사를 하되 저녁 식사에는 드레스 코드가 있어서 남성은 정장, 여성은 이브닝드레스를 입는다. 저녁은 세계 최고 수준의 셰프가 준비하는 파인 다이닝 요리와 디저트를 제공한다. 저녁 식사는 두 번으로 나누어서 진행하며, Club Car에서는 최고급 시가, 코냑, 위스키 등을 무료로 즐길 수 있다. 이 모든 것을 즐기는 2박 3일간의 블루 트레인 기차 여행은 평생 잊지 못할 인생 여행으로 기억될 것이다.

예약 시 유의 사항 및 취소 수수료

블루 트레인 기차 예약 취소 시 취소 수수료 규정이 매우 엄격하니 이 점에 유의해야 한다.

Deposit 및 잔금 결제 : 출발 6개월 전까지 Deposit 10% 결제, 출발 60일 전까지 잔금 90% 결제

취소 수수료 : 출발 60일 이후 취소 시 10%, 출발 60일 이내 취소 시 50%

로보스 레일 ROVOS RAIL

전통의 품격과 우아함이 넘치는 로보스 레일은 출발부터 도착역까지 개인 버틀러 서비스로 손님을 맞는다. 킴벌리 및 마티즈폰테인 기착지 투어가 있다. 기차는 36대의 객차로 구성되어 있으며 총 72명의 승객이 탑승할 수 있다. 마호가니 나무의 에드워드 양식으로 이루어진 내부 인테리어는 블루 트레인보다 좀 더 클래식한 분위기이다. 블루 트레인은 낮에는 침대를 접어 소파로 이용하지만 로보스 레일은 침대를 그대로 둔다. 린넨도 최고 수준이다.

로열 스위트룸, 디럭스 스위트룸, 풀만 스위트룸으로 구성되어 있으며, 세계 최고 수준의 셰프가 제공하는 파인 다이닝에서 맛의 향연을 체험할 수 있다. 남아프리카 최고의 와인과 위스키, 각종 음료를 무료로 제공하며 24시간 룸서비스를 이용할 수 있다.

ROVOS RAIL

남아공
골프 여행

남아공은 온화한 기후와 청정 자연환경, 세계적인 골프 코스를 갖추고 있어 전 세계 골퍼들의 꿈의 여행지이다. 우리나라에서는 지리적으로 멀리 떨어져 있어 한국 골퍼들의 방문은 적은 편이지만 남아공 여행을 계획한다면 골프 라운딩과 와이너리 체험을 적극 추천한다.

05

PGA투어 24회 우승, 메이저대회 9회 우승을 하며 명예의 전당에 올라있는 게리 플레이어가 남아공 출신이다. 그는 잭 니콜라우스, 아널드 퍼머와 함께 세계 골프를 이끈 인물로 존경받는다. 이후에도 어니엘스, 레티프 구센, 닉 프라이스, 루이스 우스투이젠 등 남아공 출신의 선수들이 PGA에서 좋은 성적을 거두었다.

요하네스버그와 케이프타운에서 가까운 곳에 있는 골프 클럽 중 코스 디자인, 서비스 수준, 수상 경력 등을 고려하여 5개를 추천한다.

게리 플레이어 컨트리 클럽
The Gary Player Country Club Golf Course

Par : 72

Legnth : 7,105m

Course Designer : Gary Player

Opened : 1979

Course type : Parkland

Grass type : Fairway, tees - Kikuku, Greens - Bent Grass

선시티에 위치한 게리 플레이어 컨트리 클럽은 PGA의 그랜드 슬램을 수상하며 명예의 전당에 이름을 올린 게리 플레이어(Gary Player)가 디자인하고 자신의 이름을 붙인 세계 적인 챔피언십 코스이다. 골프 코스 주변에 서식하는 야생 동물과 식물이 아프리칸 스타 일의 색다른 매력을 보여주는 곳이다. 2015년 세계 골프 어워드에서 남아프리카 최고의 골프 코스로 선정되었으며, 네드뱅크 골프 챌린지 대회가 열린다.

로열 요하네스버그 & 켄싱턴 골프 클럽
Royal Johannesburg & Kensington Golf Club(East)

Par : 72

Legnth : 6,940m

Course Designer : Robert Grimsdell

Opened : 1935

Course type : Parkland

Grass type : Fairway, tees - Kikuku, Greens - Bent Grass

요하네스버그에 위치한 로열 요하네스버그 & 켄싱턴 골프 클럽의 챔피언십 코스는 1939년에 로버트 그림젤(Robert Grimsdell)이 디자인했다. 2017년에 전체 리노베이션이 이루어졌는데, 기존 코스의 매력을 그대로 살리는 방향으로 진행되었다. 2018년 아프리카 최고의 골프 코스 상을 받았고 골프 스케이프가 선정한 세계 100대 골프 코스에 뽑히는 등 수상 경력이 많은 곳이다.

펄 밸리 잭 니클라우스 시그니처 골프 코스
Pearl Valley Jack Nicklaus Signature Golf Course

Par : 72

Legnth : 6,749m

Course Designer : Jack Nicklaus

Opened : 2003

Course type : Parkland

Grass type : Fairway, tees - Cool Bent, Greens - Bent Grass

케이프타운에서 1시간 정도 떨어진 펄 지역에 위치한 펄 밸리 골프 코스는 PGA명예의 전당에 오른 잭 니클라우스(Jack Nicklaus)가 디자인했다. 골프다이제스트 남아공 Top 5 Golf Course에 랭크된 곳이다.

에린베일 골프 클럽
Erinvale Golf Club

Par : 72

Legnth : 6,506m

Course Designer : Gary Player

Opened : 1995

Course type : Parkland

Grass type : Fairway, tees - Kikuku, Greens - Penn Cross Grass

케이프타운에서 1시간 정도 떨어진 웨스트 케이프에 위치한 에린베일 골프 클럽은 1995년에 게리 플레이어(Gary Player)가 디자인한 챔피언십 코스이다. 멋진 산과 바다의 풍광을 감상하며 라운딩할 수 있는 세계적 수준의 골프 코스다.

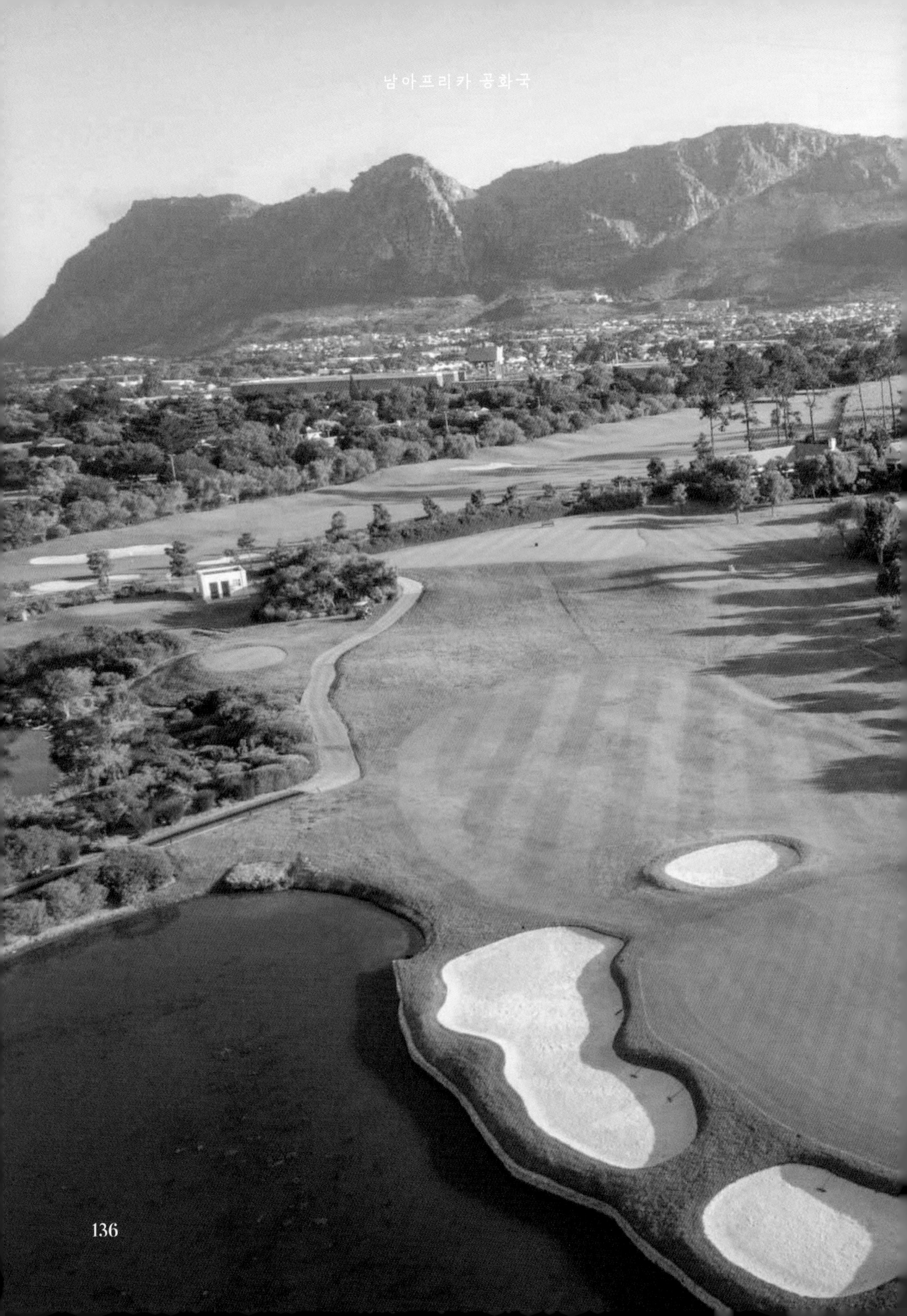

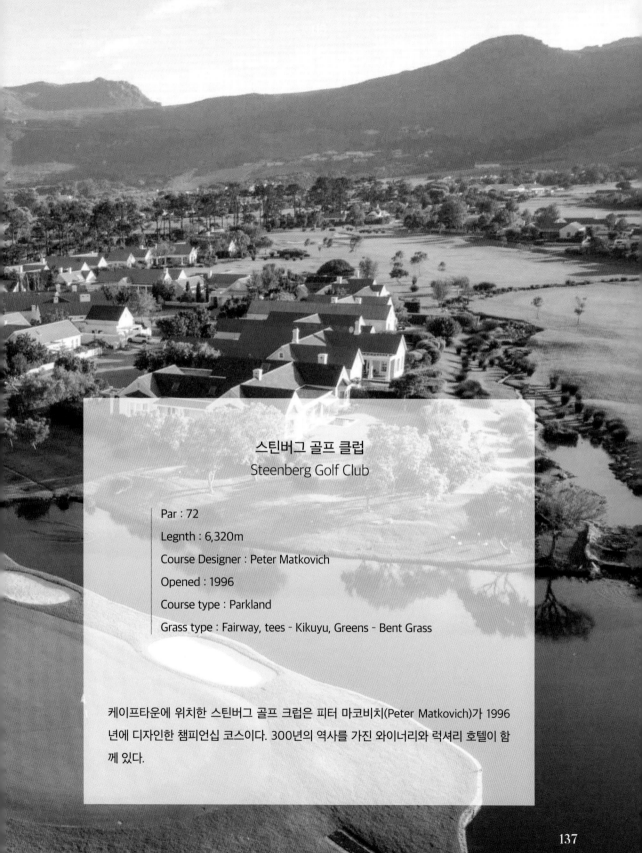

스틴버그 골프 클럽
Steenberg Golf Club

Par : 72

Legnth : 6,320m

Course Designer : Peter Matkovich

Opened : 1996

Course type : Parkland

Grass type : Fairway, tees - Kikuyu, Greens - Bent Grass

케이프타운에 위치한 스틴버그 골프 크럽은 피터 마코비치(Peter Matkovich)가 1996년에 디자인한 챔피언십 코스이다. 300년의 역사를 가진 와이너리와 럭셔리 호텔이 함께 있다.

남아프리카 공화국

케 이 프 타 운
와 이 너 리 투 어

남아공은 세계 8위의 와인 생산국으로 케이프타운의 주요 와인 산지는 콘스탄시아(Contantia), 스텔렌보쉬(Stellenbosch), 팔(Paarl), 프렌치훅(Franschhoek) 등이다. 포도 품종은 남아공에서 개량된 Pinotage이며 화이트와인의 주 품종인 Chenin Blanc, Chardonnay, Sauvignon Blac, Riesling과 레드와인의 주 품종인 Merlot, Cabernet Sauvignon, Shiraz, Syrah, Cabernet Franc, Pinot noir 등 블렌딩 와인을 맛볼 수 있다. 와인 테이스팅 비용은 와이너리에 따라 약 30~90랜드 수준이며 보통 5~7개 와인을 테이스팅 할 수 있다. 셀러 투어까지 포함하면 약 20랜드 정도가 추가되는데 셀러를 개방하지 않는 곳도 있다.

와인은 개인 취향에 따라 맛의 평가가 다양하므로 와이너리의 역사와 전통, 관리, 수상 경력, 고객평가 등을 고려하여 엄선한 곳을 추천한다. 추천 와이너리 중에는 유니크한 라이프스타일을 반영한 와이너리도 있으니 참고하기 바란다.

남아공 Platter's, 미국 Stephen Tanzer, 영국 Tim Atkin에 노미네이트된 와인들을 참고로하면 좋다. 보르도, 부르고뉴, 토스카나, 나파벨리 등의 유명한 와이너리와 비교해도 손색이 없을 것이다.

그루트 콘스탄시아 Groot Constantia

남아공에서 가장 오래된 와이너리 중의 하나로 1685년 네덜란드의 동인도 회사의 남아공 통치자로 임명된 Simon van del Stel이 설립했다. 네덜란드어로 그루트(Groot)는 영어로 그레이트(Great), 위대하다는 뜻이다. 그리고 일관성과 꾸준함의 의미를 지닌 라틴어 'Constantia'를 더해 이름을 지었다. 18세기경 763헥타르에 달하던 포도밭이 분할되어 현재는 7개의 도멘에서 약 500헥타르의 포도밭을 운영한다.

테이블마운틴에서 내려오는 차가운 공기와 대서양에서 바람이 불어와 비교적 서늘한 포도 품종인 소비뇽 블랑의 생육에 좋은 조건이다. 이곳에서 생산된 와인은 감동적인 품질로 인해 세계인의 관심을 끌었고 특히 나폴레옹이 가장 좋아했던 와인으로 알려졌다. Groot Constantia를 'Grand Constance'라고 번역한 라벨을 붙여서 1821년에 나폴레옹이 죽을 때까지 공급했다고 한다. 그루트 콘스탄시아는 지금도 그 이름 그대로 '유산을 영원히, 완벽하게' 지키기 위해 애쓰고 있다. 와이너리에는 박물관, 레스토랑, 셀러, 테이스팅 쇼룸, 와인 숍 등이 있다.

러스트 엔 브레데 Rust en Vrede

러스트 엔 브레데는 남아공을 대표하는 와이너리 스텔렌보쉬(Stellenbosch)에서 최고의 레드와인을 생산하는 곳이다.

케이프타운 총독이었던 Willem Adriaan van der Stel이 1694년에 설립한 이후 계속해서 와인을 생산했으며 1978년 Jannie Engelbrecht가 운영하며 현대적인 와인을 생산하기 시작했다. Jannie는 현재도 와이너리 오너로 자리를 지키고 있다. 와인 메이커는 2007년부터 Coenie Snyman이 맡고 있으며 레드와인을 전문적으로 생산한다.

넬슨 만델라 대통령의 노벨 평화상 만찬의 공식 와인으로 선정되기도 했다. 남아공의 레드와인 최초로 세계 Top 100에 4년 연속 랭크되었다. 특히 이곳의 레스토랑은 남아공 최고로 손꼽힌다.

142

스틴버그 팜 Steenberg Farm

1682년에 작은 농장에서 와인을 생산하기 시작한 뒤, 2005년에 Graham Beck이 호텔과 와이너리를 인수해 오늘의 스틴버그 팜을 이루었다. 다양한 곳에서 수상한 경력이 많다. 5성급 럭셔리 호텔은 조망이 아름다운 24개의 객실과 스파, 두 개의 훌륭한 레스토랑이 있다. 18홀 골프 코스도 함께 운영하고 있어 와이너리, 숙박, 골프를 함께 즐길 수 있다는 장점이 있다.

남아공
케이프타운
Cape Town

남아공 제2의 도시로 아프리카의 대표적인 휴양 관광 도시다. 남아공 웨트틴 케이프의 주도이며 입법 수도로 '마더시티'나 '아프리카의 유럽'이라고도 불린다.

지중해성 기후로 1~3월은 여름인데 최고 기온은 27℃로 온화한 편이다. 겨울은 7~8월로 최고 기온은 18℃도로 서늘한 편이다. 공기는 쾌적하고 일조량이 많아 주변에 와이너리들이 많다. 아름다운 자연과 쾌적한 기후 때문에 세계적인 부호들이 케이프타운에 고급 별장을 많이 가지고 있다. 또한 해양 레저 스프츠, 스카이다이빙, 헬리콥터, 트레킹 등 다양한 액티비티를 즐길수 있다.

CAPE TOWN

South Africa

테 이 블 마 운 틴 Table Mountain

케이프타운의 랜드마크로 테이블처럼 평평한 형태의 정상을 가지고 있는 산이라 테이블마운틴이 되었다. 약 5억 년 전에 바다에 형성된 사암층이 거대한 지각 변동으로 해발 1,086m까지 융기되면서 이런 모양이 되었다. 테이블 모양의 산 정상 둘레는 약 3.2km나 된다. 한쪽에 원뿔 모양의 데빌스 피크가 있고, 다른 쪽에는 라이언스 헤드가 있다. 구름이 산 정상을 넘어올 때면 식탁보가 바람에 날리는 듯한 멋진 풍경을 감상할 수 있다. 영국 BBC가 선정한 '죽기 전에 꼭 봐야 할 자연 절경 1001'에도 올라가 있다.

케이블카나 하이킹 코스를 통해 정상에 오를 수 있으며 기상 상황에 따라 등정하지 못하거나 케이블카가 운행되지 않을 수도 있다. 하이킹은 쉽지 않아 일반 관광객 대부분은 케이블카를 이용한다. 산 정상

에 올라가면 푸른 대서양과 아름다운 케이프타운의 모습이 보이고 멀리 넬슨 만델라가 청춘을 보내며 감옥 생활을 한 로벤섬도 볼 수 있다.

2011년에 제주도와 함께 세계 7대 자연 경관으로 선정되었으며 멸종 위기의 희귀종을 포함한 약 1,500종의 식물을 볼 수 있다. 특히 귀여운 바위너구리가 많이 서식하고 있어 함께 사진을 찍어 기념할 수도 있다. 정상 레스토랑에서 아름다운 풍경을 감상하며 차 한잔을 마셔도 좋고 기념품을 파는 상점 을 둘러보는 것도 재미있다. 7월 말부터 8월 초는 케이블카 보수 기간이므로 운행하지 않으니 참고 바란다.

빅토리아 알프레드 워터프론트
Victoria & Alfred Waterfront

1860년에 항구 건설을 시작한 알프레드 왕자와 그의 어머니 빅토리아 여왕의 이름을 딴 항구 V&A 워터프론트는 아프리카에서 가장 많이 방문하는 여행지 중 하나이다. 남아공에서 가장 오래된 항구에 자리 잡고 있고 뒤편에 테이블마운틴이 펼쳐져 있다.

호텔, 쇼핑 매장, 박물관, 레스토랑, 카페, 바, 투 오션스 아쿠아리움, 파머스 마켓, 영화관, 선셋 크루즈, 헬리콥터 투어 등 다양한 명소와 액티비티를 즐길 수 있는 복합 쇼핑몰이 있다.

희 망 봉
Cape of Good Hope

암석으로 이루어진 희망봉은 대서양 케이프반도의 가장 끝에 자리한다. 1488년 포르투갈의 항해자 바르톨로뮤 디아스(Bartholomew Diaz)가 발견했다. 높은 파도와 강한 바람으로 폭풍의 곶이라고 불렸으나 이후에 포르투갈의 국왕인 후앙 2세가 '희망의 곶'이라고 부른 뒤로 희망봉이 되었다고 한다. 바스코 다가마가 대서양에서 희망봉을 지나 인도로 가는 항로를 개척했다. 희망봉은 아프리카 최남단도 대서양과 인도양이 만나는 정확한 지점도 아니다. 실제 아프리카 최남단과 대서양과 인도양이 만나는 지점은 희망봉에서 동쪽으로 150km에 위치한 케이프 아굴라스다.

자연보호 지구로 지정되어 수많은 희귀 식물이 서식하고 있어 꽃이 피는 시즌에는 형형색색의 꽃과 바다를 함께 감상할 수 있다. 희망봉은 생각보다 크지 않으며 20~30분이면 눈앞에 보이는 케이프포인트까지 걸어갈 수 있다.

CAPE OF GOOD HOPE
THE MOST SOUTH-WESTERN POINT
OF THE AFRICAN CONTINENT

18' 28' 26" EAST
34' 21' 25" SOUTH

CAPE OF GOOD HOPE
THE MOST SOUTH-WESTERN POINT
OF THE AFRICAN CONTINENT

케 이 프 포 인 트
Cape Point

테이블마운틴에서 남쪽으로 쭉 뻗은 케이프반도의 끝에서 펄스 베이를 내려다볼 수 있는 높은 절벽과 멋진 풍광이 바로 케이프포인트다. 바다 쪽으로 희망봉이 보이는데 희망봉까지는 걸어서 갈만한 거리다. 약 250m 정도 높이의 봉우리에 등대가 있다. 후니 쿨라를 타면 정상 근처까지 올라갈 수 있다.

정상에 1857년 설립된 룩 아웃 포인트 등대(Look out point Light House)가 있으나 지금은 사용하지 않는다. 1919년에 약 87m 절벽 아래에 새로운 등대 DIAS를 설치해 지금까지 사용 중이다. 바닷가재 요리로 유명한 투 오션스(TWO OCEANS) 식당에서 대서양을 바라보며 남아공 와인을 곁들인 요리를 맛보는 것도 낭만적이다.

채 프 먼 스 피 크
Chapman's Peak

채프먼스피크는 영국 BBC에서 선정한 '세계에서 가장 아름다운 도로' 중 하나다. 1607년 훗베이(Hout Bay)에 영국 배 한 척이 정박한 뒤에 항해사 존 채프먼(John Chapman)이 식량을 찾아서 이곳 해안가까지 왔다고 한다. 1915년부터 1922년까지 거의 수직으로 해안 절벽을 깎아 도로를 건설하고, 항해사 채프먼의 이름을 따서 도로 이름을 지었다.

이 도로는 훗베이에서 노르드훅 비치(Noordhoek Beach)까지 연결되는데 1990년대에 낙석 사고로 사망자가 잇따라 발생하면서 폐쇄되었다가 낙석으로부터 운전자를 보호할 수 있도록 재설계한 후에 다시 오픈했다. 하지만 다시 위험 지역으로 확인되어 2008년에 폐쇄되기도 했다. 현재는 유료 도로로 사용 중이며 날씨와 상황에 따라 도로가 폐쇄되기도 한다. 남아공에서 가장 큰 사이클 대회와 마라톤 경기가 열리는 장소로 유명하다.

캠 스 베 이
Camps Bay

남아공 케이프타운의 해변 휴양지 캠스베이는 부촌 지역이다. 해
변의 고운 백사장과 푸른 대서양, 고급 주택가, 예수의 12사도를
묘사하는 봉우리를 배경으로 하는 캠스베이 뷰포인트(Camps Bay
Viewpoint)에서 멋진 인생 사진을 찍을 수 있다. 해변 뒤편으로 고
급 레스토랑과 분위기 좋은 카페도 많다. 가격이 다른 지역에 비해
싼 편이니 칵테일 바의 테라스에서 멋진 풍경을 바라보며 여유 있
는 시간을 가져도 좋다. 캠스베이의 독특한 풍경은 영화 촬영 장소
나 애플 워치 광고의 배경으로 종종 사용된다.

보 캅 빌 리 지
Bo Kaap Village

시그널 힐(Signal Hill)의 기슭에 자리한 보캅 빌리지는 18세기 네덜란드 식민 통치 시기에 건설되어 해외 노동자인 케이프 말레이인들이 주로 임대해 사용해왔다. 이들은 케이프타운에서 일하기 위해 말레이시아나 인도네시아 등에서 온 아시아계 무슬림이다. 그 당시 임대된 집들은 모두 흰색이었다.

당시에 백인들은 유색 인종을 혹독하게 차별했다고 한다. 그러다가 1834년에 노예 제도가 폐지되며 유색 인종에 대한 차별이 법적으로 금지되고 노예였던 사람들의 부동산 매입이 허용되었다. 이때 집을 산 사람들은 자유를 상징하며 주택을 형형색색으로 칠했다고 한다. 그 덕분에 지금은 케이프타운의 건물들이 이국적인 포토존의 상징이 되었다.

과거 케이프 말레이인으로 불렸던 이들은 남아공의 이슬람교도라 불리기를 원한다. 보캅 빌리지에는 남아공 최초의 이슬람 사원인 오왈 모스크(Auwal Mosque)를 볼 수 있다.

커 스 텐 보 쉬 보 태 니 컬 가 든
Kirstenbosch National Botanical Gardens

18세기에 이곳의 토지 관리인이었던 커스텐(Kirsten)의 이름과 네덜란드어로 숲이나 덤불을 뜻하는 보쉬(bosch)를 결합해 이름을 지었다. 땅의 주인이 계속 바뀌다가 1902년에 당시 땅의 주인이었던 로도스(Rhodes)가 사망하며 국가에 귀속되었다.

케임브리지 대학에서 케이프타운 대학으로 온 헨리 해럴드 피어슨(Henry Harold Pearson) 교수가 정원을 조성하기 시작해 1913년에 완공되었다. 해럴드 피어슨은 1916년에 폐렴으로 사망하며 자신이 사랑한 정원에 묻어달라고 했다. 그의 비문에는 '만약 당신이 그의 기념비를 찾는다면 주위를 둘러보라'고 적혀 있다.

테이블마운틴의 동쪽 비탈에 자리잡고 있으며 자연 보호 구역 내에 잘 가꾸어진 정원은 528헥타르의 큰 부지에 남아프리카 토착 식물과 희귀종,

멸종 위기 식물들이 있다. 2004년부터 남아프리카 생물 다양성 연구소(SANBI)에서 관리하고 있다.

커스텐보쉬는 세계적인 첼시 플라워 쇼에서 무려 29개의 금메달을 획득했다. 2015년에는 국제 가든 투어리즘 어워드에서 올해의 국제 정원으로 선정되기도 했다. 커스텐보쉬 보태니컬 가든은 세계 7대 식물원 중의 하나이며 Kistenbosch Estate는 유네스코 세계문화유산인 Cape Floristic Region에 속해 있다.

캐노피 워크웨이 위에서 정원을 내려다보며 감상할 수 있다. 초록 식물이 가득한 가든에 두 개의 레스토랑이 있으니 와인을 곁들인 여유로운 식사도 좋을 것이다.

볼 더 스 비 치 아 프 리 카 자 카 스 펭 귄 Jackass Penguin

남극의 하얀 얼음 위에나 있을 것 같은 펭귄이 케이프타운 해안의 푸른 나무 아래에 둥지를 틀고 새끼를 낳는다. 울 때 당나귀 울음소리와 비슷한 소리를 낸다고 해서 '자카스 펭귄'이라고 하며 케이프 펭귄이라고도 불린다. 이곳에서는 펭귄 서식지를 법적으로 보호하고 있어서 여행객들은 귀여운 펭귄 가족의 삶을 관찰할 수 있다.

펭귄은 매우 영리한 동물로 울음소리와 외모, 특히 가슴과 복부에 있는 점의 패턴으로 서로를 알아본다. 펭귄은 무리 생활을 하는데 일부일처로 평생 함께하며 바람을 피우지 않는다고 한다. 배우자가 죽더라도 재혼하지 않고 혼자 살아간다.

남극 펭귄보다 몸집이 작다. 몸길이는 약 35cm이며 몸무게는 약 3.3kg, 수명은 20~25년이다. 10~20℃의 따뜻한 해류에서 산다. 온몸에 세 개의 층으로 된 짧은 깃털이 촘촘히 나 있다. 먹이는 오징어와 청어, 조개 등의 어패류를 먹는다. 보통 한 번에 두 개의 알을 낳고 암수가 교대로 품어 부화시킨다. 부화 기간은 33~44일이다. 새끼는 2~3년이 지나면 다 자라며 다른 펭귄과 다르게 암컷이 수컷보다 몸집이 크다. 한번 잠수해 약 2.5~5분 정도 버틴다.

물개 섬
Seal Island

물개섬(Seal Island)이라고도 불리는 도이커섬(Duiker Island)은 훗베이(Hout Bay)에서 유람선을 타고 약 15분 정도 가면 만날 수 있다. 전체 투어 시간은 약 50분 정도이다.

아프리카 남부 해안에는 약 7만 마리의 케이프 물개들이 서식하고 있다. 수온이 적당하고 먹이가 풍부하며 천적인 상어나 고래가 별로 없기 때문이라고 한다. 유람선에서 물개들이 수영하는 모습이나 바위 위에서 일광욕을 즐기는 모습 등 다양한 풍경을 볼 수 있다.

물개의 수컷은 몸 길이 약 2~2.3m이고 암컷은 약 1.2~1.6m이다. 몸무게는 수컷이 약 250kg, 암컷은 약 60kg이다. 시속 30km까지 속도를 내고 최대 약 80m까지 약 2~3분 잠수할 수 있다. 수컷은 회갈색을 띠며 목덜미에 두꺼운 털이 있다. 암컷은 전체적으로는 은회색의 털이지만 배 쪽은 갈색이다. 주기적으로 털갈이를 한다. 몸에 열을 흡수하기 위해 혈관들이 모여 있는 지느러미를 물 밖으로 내놓는다.

일부다처제로 암컷은 3~6살, 수컷은 9~12살이면 성체가 된다. 임신 기간은 착상이 지연되는 3개월을 포함해 약 51주이다. 한 번에 한 마리의 새끼를 낳는데 주로 12월경에 출산한다. 수명은 약 20~30년이다.

161

넬슨 만델라 Nelson Mandela

넬슨 만델라 & 로벤 섬
Nelson Mandela & Robben Island

넬슨 만델라는 남아공 최초의 흑인 대통령이자 인권 운동가로는 아프리카 민족 회의를 중심으로 인종 차별 정책에 맞서 불복종 비폭력 운동을 벌였다. 1960년 대규모 집회에서 경찰이 쏜 총에 맞아 흑인 시민들이 죽는 사건이 발생하자, 만델라는 이 사건을 '흑인 학살 사건'이라 규정하며 폭력 투쟁을 전개했다. 그는 아프리카 흑인들의 자유와 민주주의, 인권을 위해 싸웠고 이로 인해 27년간 감옥에서 지냈다. 그중 18년을 이곳 로벤섬의 감옥에서 복역하였다.

남아공은 약 16%의 백인이 84%의 비백인을 정치, 경제, 사회적으로 차별해 왔다. 백인에게만 참정권을 부여하고 백인과 비백인의 혼인 금지, 백인 지역의 비백인 출입 금지, 화장실, 대중교통도 백인들과 함께 사용할 수 없도록 했다. UN도 이러한 백인 우월주의를 비난했다.

1948년에 네덜란드계 백인 기반의 국민당 단독 정부 수립 후 더욱 극단적인 인종 차별 정책인 아파르트헤이트(Apartheid)가 시작되었다. 이후에 인종 차별에 저항하는 흑인 운동도 본격적으로 일어나기 시작했다. 1976년 요하네스버그 주변 소웨토 흑인 집단 거주 지역 폭동 이후 아프리카인을 중심으로 하는 유색 인종의 투쟁이 강화 확대되었다. 이 시기에 활동하던 넬슨 만델라, 월터 시스루, 로버트 소부쿠웨 등은 체포된 후에 이곳에 수감되었다. 칼레마 모틀란테도 전 대통령도 이곳에서 10년 동안 수감되었다. 현직 제이콥 주마 대통령도 이곳에서 옥살이를 했다.

만델라는 1993년 남아공 인종 차별 정책을 없앤 공로를 인정받아 노벨 평화상을 수상했으며 1994년 남아공 최초의 흑인 참여 자유 총선거에서 대통령으로 선출되었다. 이로써 남아공에서 마침내 아파르트헤이트는 사라졌고 만델라는 흑인과 백인 모두로부터 존경받는 인물이 되었다. 남아공에서는 그를 아버지를 뜻하는 '타타'라고 부른다. 2013년에 95세로 사망한 뒤에 UN은 7월 18일을 세계 넬슨 만델라의 날로 정했다.

오랜 세월 동안 군부대나 병원 등으로 사용하다가 20세기 중반부터 정치범 수용소로 사용했다. 1996년에 감옥을 폐쇄한 후에 교회를 제외한 섬 전체를 정부가 관리하기 시작하며 섬을 박물관으로 정비하고 1999년에 세계문화유산으로 등록했다.

로벤섬은 케이프타운에서 12km 정도 떨어져 있어 페리를 타면 약 30분 정도 걸린다.

남아공 최대 야생의 땅,
크루거 국립공원 사파리
Kruger National Park

크루거 국립공원 Kruger National Park

요하네스버그에서 350km 떨어진 곳으로 도로 상태가 매우 좋지 않아 차량으로 6시간 걸린다. 남아공 국내선 항공을 이용하는 게 편리하다. 날짜를 잘 맞추면 럭셔리 기차 블루 트레인 이용도 가능하다.

크루거 국립공원 캠프 및 로지 예약에 따라 두 곳의 공항 중 하나를 선택해야 한다. 개인적으로 차를 빌려서 크루거 국립 공원 게임 드라이브를 할 수도 있지만, 면적이 넓고 길도 잘 모르는 상황에서 동물들이 어디에 있는지 찾기도 쉽지 않다. 따라서 대부분 로지를 먼저 예약한 뒤에 그곳에서 운영하는 프로그램에 참여하는 것이 편리하다. 1

898년 옛 트란스발 공화국의 초대 대통령인 폴 크루거의 이름을 따서 만들어졌다. 남아공 최대의 야생 보호 구역이자 아프리카 최초의 국립 공원으로 설립되었다. 길이 322km, 폭 65km, 면적 19,485㎢로 우리나라 경상도와 비슷한 면적이다. 사바나 지대인 크루거 국립 공원은 열대 우림과 열대 초원을 이루고 있으며 기온과 습도가 적당해 야생 동물의 천국이다. 총 9개의 게이트를 통해 크루거 국립 공원으로 들어갈 수 있다.

크루거 국립 공원에서 게임 드라이브로 볼 수 있는 동물들은 빅 5(사자, 표범, 코뿔소, 코끼리, 버펄로)와 하이에나, 얼룩말, 임팔라, 기린, 하마, 치타, 와일드독, 혹멧돼지, 사바나 천산갑, 워터벅, 쿠두, 일런드를 비롯한 147종의 포유동물, 500종의 조류, 110종의 파충류, 49종의 어류 중 일부를 볼 수 있다. 2~3일간의 게임 드라이브로 빅 5를 모두 보는 것은 행운이 따라야만 가능하다.

동물들을 쉽게 보려면 동물들이 활동을 많이 하는 시간대에 운영하는 아침이나 야간 사파리 프로그램에 참여하는 것이 좋다. 크루거 국립 공원의 성수기는 6월~8월 사이다. 이때는 로지와 캠프 예약이 매우 힘든 편이다.

동물들을 찾아다니며 가이드 역할을 하는 사람을 트래커라 부르는데, 그의 안내에 따라 일어서거나 차에서 내려야 한다. 게임 드라이브의 기본 매너는 일어서지 않고 앉아서 조용히 관람하는 것이다. 이렇게 하는 이유는 동물들의 스트레스를 최소화하기 위해서다.

크루거 국립 공원 럭셔리 로지 & 캠프

프라이빗 럭셔리 로지 & 캠프에서 스파, 수영, 식사, 사파리를 즐길 수 있다.

나미비아

나미비아

CONTENTS

SOSSUSVLEI

Namibia

소수스블레이
Sossusvlei

나미비아의 대표적인 관광지인 소수스블레이(Sossusvlei)는 나미비아 수도 빈트후크에서 남서쪽 360km 떨어진 자연 보호 구역인 나미브 나우클루프트 국립 공원(Namib Naukluft National Park) 안에 있다. 매년 세계적인 관광 명소로 이름을 올리고 있는 소수스블레이는 지리적인 뜻을 갖고 있다. 소수스는 '막다른 길'을 의미하고 블레이는 '습지'를 뜻한다. 차우차브(Tsauchab) 강이 흘러가다가 소수스블레이에서 모래 언덕을 만나 흘러가지 못하게 되어 이곳을 막다른 습지라 이름 붙였다는 것이다. 듄(Dune) 45, 데드블레이(Deadvlei) 지역을 포함한다.

붉은 모래사막인 나미브 사막은 수백만 년에 걸쳐 형성되었다. 이곳의 붉은 모래는 오렌지(Orange)강을 따라 대서양에 퇴적된 것이다. 이 모래를 북쪽으로 운반하던 벵겔라(Benguela) 해류는 바다로 휩쓸려 가다가 파도를 타고 다시 육지 쪽으로 퇴적되었다. 육지에 다다른 붉은 모래는 바람을 타고 내륙에 쌓이게 되었고 세월이 흘러 모래 언덕을 형성했다.

다양하고 신비로운 색깔로 빛나는 사막의 모래가 여행자들을 유혹한다. 비가 오면 차우차브강이 범람하여 물이 늪에 가득 찬다. 그러면 먹이를 찾아 늪으로 들어오는 홍학 떼와 각양각색의 물새들도 소수스블레이 차우차브강에서 볼 수 있다.

사막의 밤은 낮의 강렬했던 태양의 열기를 식혀줄 정도로 선선하다. 은하수가 쏟아질 듯한 하늘의 별은 지금까지 본 모든 별들을 다 옮겨 놓은 것처럼 빽빽하게 하늘을 채운다.

사막이란 잠재적 증발량이 강수량을 초과한 곳을 말한다. 나미브 사막의 잠재적 증발량은 강수량의 200배가 넘는다. 생존 한계선을 훨씬 넘긴 극소량만으로 살아가는 식물과 동물들을 보는 것도 경이로운 경험이다. 이곳에는 이슬 한 방울로도 살아가는 생명체가 많다.

소수스블레이의 붉은 오렌지 빛깔의 모래사막은 모래 속에 섞인 철 성분이 바닷바람과 공기로 인해 오랜 세월 동안 산화되면서 붉게 변화된 것이다. 세계에서 가장 오래된 사막이며, 규모 면에서도 단연 세계 최고를 자랑한다. 해변에서 내륙까지의 너비가 무려 100km~150km에 이를 정도다.

나미비아의 소수스블레이를 방문한 사람들은 이보다 더 아름다운 곳은 세상 어디에도 없을 거라며 감탄한다. 이 어마어마한 모래 언덕은 역동적으로 부는 바람에 따라 형태가 변하는데, 325m에 달하는 봉우리의 형상이 매일 달라진다. 특히 이곳의 일출과 일몰 풍경은 햇빛에 따라 오렌지, 금, 은, 붉은 자주색 등 다양한 색깔을 선보여 사진작가나 예술가들이 자주 찾는 장소이기도 하다.

듄 45 & 데드블레이
Dune & Deadvlei

세상에서 가장 높은 모래 언덕 듄 45와 죽어 말라 버린 늪 데드블레이
가 함께 어우러진 풍경은 가히 자연이 만든 예술품 같다.

세 스 리 엄 캐 니 언
Sesriem Canyon

나미브 사막의 소수스블레이 다음으로 꼭 가봐야 할 자연경관 중 하나인 세스리엄 캐니언은 영국 BBC가 선정한 '죽기 전에 꼭 봐야 할 자연경관 1001' 중의 하나다. 나미브 사막 여행의 입구인 세스리엄 게이트에서 약 1km 정도 떨어진 곳에 있으며 계곡의 길이는 약 1km, 깊이는 약 30m 정도다. 영화 매드맥스의 촬영지이기도 하다.

시간을 거슬러 올라가 약 3천만 년 전, 이곳은 사막이었다. 그사이에 강이 생기고 빙하기를 거치면서 모래와 자갈로 이루어진 현재의 퇴적층 협곡이 생겨났다. 나미브 사막에 내리는 비가 이 계곡으로 흘러 들어와 저수지를 이루고 이곳의 초기 정착민들은 아마도 저수지를 식수원으로 삼았을 것이다.

세스리엄은 아프리칸스어로 여섯이라는 뜻의 세스(Ses)와 가죽으로 된 밧줄이라는 뜻의 리엄(Riem)을 합친 말로 여섯 개의 밧줄을 묶은 양동이로 물을 길어 올린다는 뜻이라고 한다. 우기인 3~4월에 비가 내려 저수지를 만들지만, 그 외의 건기에는 바싹 말라 있다.

소수스블레이 럭셔리 로지
Luxry Lodges

셀럽들의 비밀이 허락된 곳에서 고요한 아침을 맞는다.
초자연 속에서 웰빙과 힐링을 함께 즐길 수 있다

데드 밸리 로지 Dead Valley Lodge

성수기 기간에는 로지 예약이 매우 어렵다.

에 토 샤 국 립 공 원
Etosha National Park

나미비아 북서부의 쿠네네주(Kunene Region)에 위치하며 1907년에 동물 보호 구역으로 설립되었다가 1975년에 국립 공원으로 지정되었다. 면적은 22,270㎢로 남부 아프리카에서 사파리를 즐길 수 있는 가장 큰 국립 공원이다. 에토샤 국립 공원의 약 23%를 차지하는 에토샤 판(Etosha Pan)은 내륙 염전 지대로 면적이 5,000㎢이며 길이는 130km, 너비 50km에 달한다. 평소에는 염전이 거의 말라 있는데 여름에 잠깐 물이 고일 때 펠리컨과 홍학류들이 서식한다. 약 114종의 포유류와 340종의 조류, 110종의 파충류, 16종의 양서류가 있다. 2022년 한 해에만 흰코뿔소와 검은코뿔소 46마리가 밀렵을 당했다.

이곳에는 1년 내내 솟는 샘이 여럿 있어서 멸종 위기의 아프리카 검은코뿔소, 검은얼굴임팔라 등의 다양한 야생 동물과 포유류, 파충류, 조류 등이 서식한다. 건기에는 염전을 지나는 바람이 소금기 있는 먼지를 나미비아를 거쳐 남대서양까지 운반한다. 이 염분은 토양에 미네랄을 제공하는데 염분으로 인해 농사를 짓기 어렵다.

나미비아 정부에서는 질병 확산을 막기 위해 850km에 이르는 공원의 경계를 따라 담을 두르고 동물들을 위한 새로운 물웅덩이를 50여 개 조성하는 등 동물 보호에 힘쓰고 있다.

짧은 게임 드라이브 사파리에서는 다양한 동물을 관찰하기 어렵다.
많은 동물을 보지 못한다고 해도 실망하지 말고 주어진 시간 동안 자연을 느껴 보기를 바란다.

관찰이 어려운 동물 : 아프리카 흰코뿔소, 검은코뿔소, 살쾡이, 치타, 천산갑, 다이커, 일런드

사라진 동물 : 버펄로, 들개, 스프링복, 미어캣

관찰 가능한 동물 : 아프리카코끼리, 기린, 사자, 표범, 카라칼, 자칼, 박쥐귀여우, 여우, 하이에나, 미어캣, 몽구스, 사향고양이, 혹멧돼지, 토끼, 다람쥐, 벌꿀오소리, 땅돼지, 호저, 얼룩말, 스프링복, 임팔라, 겜스복, 딕딕, 스틴복, 붉은하테비스트, 누, 쿠두

관찰이 가능한 조류 : 타조, 독수리, 뱀잡이수리, 매, 솔개, 부엉이, 황새, 펠리컨, 플라밍고, 호로새, 물떼새, 코뿔새, 까마귀, 까치, 단풍새, 직박구리, 종달새, 왜가리

오바힘바족
OvaHimba

오바힘바족은 나미비아 북부 쿠네네주 쿠네네강 유역에 사는 원주민으로 인구는 약 5만 명 정도로 알려져 있다. 이들은 나미비아의 마지막 유목민으로 농작물을 재배하며 살아가는데 주로 소, 양, 염소 등의 가축을 기르고 옥수수와 기장 같은 농작물을 재배한다. 우유와 옥수수죽을 주식으로 한다.

여성들은 주로 식수를 나르며 황토와 소똥을 짓이겨 집을 칠하고, 소 젖을 짜거나 땔감을 구해 온다. 남성들은 주로 가축 사육을 담당한다. 덥고 건조 기후라 피부를 보호하기 위해 여성들은 버터 지방과 황토 색소를 혼합해 오렌지색 또는 빨간색 페이스트를 피부와 모발에 바른다. 여성들의 독특한 머리 형태와 붉은색의 피부는 오바힘바족의 상징으로 유명하다. 물이 부족해 머리를 감을 때 나무 재를 사용하기도 한다.

오바힘바족은 일부다처제이며, 여성은 아버지가 정해준 남성과 결혼해야 한다. 신랑은 경제적인 대가로 신부의 가족에게 소를 바친다. 소년들은 사춘기 전에 할례를 하는 관습이 남아 있고 결혼과 동시에 남자로 인정받는다. 소녀들은 아이를 낳은 후에 여성으로 인정받는다.

오바힘바족의 사진을 찍을 때는 사전에 비용을 협상하고 돈을 주는 게 일반적이다. 또한 이들의 전통과 문화를 존중해야 한다.

Swakopmund & Walvis Bay

Namibia

스 와 코 프 문 트
Swakopmund

나미비아의 작은 도시 스와코프문트(Swakopmund)는 사막과 대서양 바다가 절묘하게 조화를 이룬 나미비아 최고의 휴양지다. 야자수가 드리운 아름다운 해변과 잘 가꾼 정원과 도로가 아름다운 풍광을 자랑하며 휴양지 특유의 분위기를 자아낸다.

도시 곳곳은 마치 아름다운 독일의 작은 마을 같은 분위기를 풍기는데, 이는 독일 식민지 시기를 거쳐 이루어진 역사의 결과물이다. 20세기 초에 지어진 건물, 주택, 감옥, 철도 역사 등 11개의 건물을 국가 기념물로 지정하고 보존하고 있다. 그외에도 구두 가죽 공장, 맥주 공장, 사막의 식생과 해양 동물을 전시하는 박물관 등을 구경할 수 있고 바닷가에서는 낚시를 즐길 수도 있다.

사막에서 즐기는 액티비티로 고도 약 3천 미터 상공에서 낙하하는 스카이 다이빙이 있는데, 바다와 사막의 환상적인 모습을 감상할 수 있다. 쿼드 바이크를 타고 모래 언덕을 오르내리며 바다 풍광도 볼 수 있다. 샌드보딩, 헬기, 경비행기 체험도 가능하다.

월 비 스 베 이
Walvis Bay

해양 동물의 천국인 월비스베이(Walvis Bay)에서는 펠리컨과 홍학, 돌고래, 물개 등 다양한 동물들이 서식한다. 몰라몰라 마린 크루즈(Mola mola marine cruise)는 왈비스베이의 선착장에서 스피드 보트를 이용해 해양 사파리를 즐기는 프로그램이다. 자연 친화적인 액티비티로 약 2시간 30분 정도 소요된다. 케이프 물개 군락지인 펠리컨 포인트, 돌고래 떼, 보트로 올라와 먹이를 달라고 보채는 물개를 가까이서 볼 수 있으며 왈비스베이 라군에서는 수많은 플라밍고와 펠리컨, 가마우지, 흰턱가슴새, 케이프 부비새, 검은머리 물떼새, 자카스 펭귄까지 다양한 조류를 관찰할 수 있다. 보트 주변을 따라 날아다니는 펠리컨의 모습도 이색적이다. 크루즈 중에는 신선한 월비스베이 굴과 라이트 런치, 와인과 음료가 제공된다.

06

스피츠코페
Spitzkoppe

독일어로 '뾰족한 돔'을 뜻하는 스피츠코페는 나미비아의 마터호른이라
고도 한다. 스와코프문트와 우사코스(Usakos) 사이에 있는 사막 평원에
우뚝 솟은 화강암 봉우리로 가장 높은 곳은 약 1,700m이다. 주변에 원
주민인 부시맨이 그린 암각화도 볼 수 있다. 바위에 커다란 구멍이 생겨
경이로운 풍경을 보여 주는 스피츠코페 브리지가 이곳에서 가장 유명하
다. 일출과 일몰이 아름다워 사진 찍기에 좋다.

탄자니아

CONTENTS

탄자니아

세 렝 게 티 국 립 공 원
Serengeti National Park

세렝게티는 마사이족 스와힐리어로 '끝없는 초원'이란 뜻이다. KBS, MBC 등의 국내 방송사를 비롯해 BBC와 같은 세계적인 방송사의 자연 다큐멘터리 프로그램에 단골로 등장하는 장소이며, 아프리카 사파리 지역 중 인지도가 가장 높아 전 세계 관광객들이 가장 많이 방문하는 곳이다. 1981년에 유네스코 세계 자연 유산에 등재되었다.

세렝게티 국립 공원은 14,763㎢의 면적으로 우리나라의 강원도보다 조금 작은 편이다. 드넓은 초원 위에 강과 호수, 연못, 바위 언덕 등이 있어 풍경이 매우 다채롭다. 사파리는 주로 세렝게티의 남중부 지역에서 이루어진다. 남동쪽으로는 또 다른 세계 유산인 응고롱고로 자연 보존 지역과 연결되어 있다. 북쪽엔 마라강을 사이에 두고 케냐의 마사이마라 국립 공원과 마주한다. 나이로비에서 가까운 마사이마라 국립 공원에서 마라강을 건너는 누 떼를 보는 게 더 잘 보인다.

자연공원에서 차를 타고 다니며 야생 동물을 구경하는 사파리(Safari)는 스와힐리어로 '여행'을 의미한다. 사파리는 '게임 드라이브'라고도 한다. 세렝게티 사파리는 빅5(사자, 표범, 코뿔소, 코끼리, 버펄로)를 볼 확률이 높지만, 매번 성공할 수는 없다. 세렝게티의 사바나 기후 지역은 우기와 건기가 뚜렷한 차이를 보여, 우기에는 초목이 무성하게 자라고 건기에는 초목이 시들어 바짝 마른다. 동물들의 대이동은 이러한 기후와 식생의 차이로 인해 생긴 것이다.

그렇다면 세렝게티 사파리는 언제가 적기일까? 물론 동물들을 많이 관찰할 수 있는 시즌이 적기이다. 10월~12월 사이 약 3개월에 걸쳐 마사이마라 동물들의 대이동(Migration)이 이루어진다. 그래서 12월~3월까지는 세렝게티에서 동물들을 가장 많이 볼 수 있는 시기이다. 이동하는 초식 동물들을 쫓아서 사자나 표범, 하이에나 등의 육식 동물이 이동한다. 1월~2월 사이에 세렝게티의 누 떼들이 새끼를 낳는데, 이 시기에 새끼들이 성장하는데 필요한 부드러운 풀이 많고 육식 동물의 공격으로부터 살아남을 수 있는 확률이 높기 때문이다.

세렝게티 초원에서는 햇빛과 물, 나무, 풀 등의 자연과 동물들의 배설물이나 사체 등을 볼 수 있는데 이 속에서 야생의 법칙을 엿볼 수 있다. 이 모든 것이 세렝게티의 자연 생태학적인 순환 구조이다. 세렝게티에서 특별한 자연 풍경과 야생 동물들의 모습을 볼 수 있음에 감사한다.

기온이 15℃ 이하로 내려가는 새벽 사파리는 긴바지와 입고 벗을 수 있는 따뜻한 점퍼류가 필수다. 아침을 먹고 진행하는 사파리는 시원한 여름 복장을 갖춘다. 얇은 긴바지에 반소매 티셔츠나 얇은 긴팔 티셔츠를 입는다. 반소매를 입으면 선크림을 바르거나 햇빛을 막을 수 있는 쿨링 소재의 얇은 긴팔 바람막이 점퍼를 입는 게 좋다. 창이 있는 모자와 선글라스, 손수건, 마스크, 물티슈도 준비하면 좋다.

탄자니아 세렝게티로 갈 때는 아루샤를 거쳐야 한다. 비행기를 타고 킬리만자로 공항으로 바로 도착할 수도 있지만, 케냐 나이로비에서 버스를 타고 국경 나망가로 이동해서 출입국 심사를 받고 아루샤까지 이동하는 방법도 있다. 나이로비에서 아루샤까지 가는 항공편도 있다. 아루샤에서 세렝게티까지 가는 경비행기도 있고 사파리 차량으로 육로로 이동할 수도 있다.

아름다운 풍경과 특별한 경험을 선물하는 세렝게티 사파리는 인생 최고의 여행이 될 것이다. 이곳의 상징인 150만 마리가 넘는 누 떼 외에도 20만 마리의 얼룩말, 8천 마리의 아프리카코끼리, 30만 마리가 넘는 톰슨가젤과 그랜트가젤들을 볼 수 있다. 3천 마리가 넘는 사자와 천 마리가 넘는 표범, 3천 500마리의 점박이하이에나, 3백 마리의 치타, 30여 마리의 검은코뿔소가 살아간다. 이 동물들을 오래도록 보기 위해서는 기후 변화로부터 세렝게티를 보호하는 것도 우리의 의무이자 책임이라는 것을 기억해야한다.

세렝게티 사파리 숙박은 캠핑부터 럭셔리 로지까지 다양하다. VIP나 셀럽 고객들은 프라이빗 럭셔리 로지에서 휴식과 사파리를 즐기는데, 포시즌, 멜리아 등 글로벌 브랜드 로지에서 아프리카 무드를 만끽할 수 있다.

세렝게티 벌룬 사파리
Serengeti Balloon Safari

새벽 5시 조금 넘어 로지에서 출발하면 6시쯤 벌룬 사파리 출발지에 도착한다. 16명 정도가 탑승하는 열기구는 30여 분 정도 출발 준비를 하고 6시 30분쯤 하늘로 올라간다. 위에서 내려다보면 광활한 초원 위로 아침을 맞이하는 야생 동물들이 보인다. 열기구는 동물들의 아침을 방해하지 않기 위해서 조용히 내려갔다 다시 조용히 올라가기를 반복한다. 스릴 넘치는 벌룬 사파리에 걸리는 시간은 약 한 시간 정도이다. 7시 30분에 착륙한 후에는 간단한 샴페인 파티를 즐기며 벌룬 사파리 증명서를 받는다. 가격은 비싼 편이지만 독특하고 환상적인 경험이라 여행자들에게 인기가 많다.

세 렝 게 티 럭 셔 리 로 지

프라이빗 휴식, 건강한 음식, 스파, 4x4 사파리, 벌룬 사파리, 워킹 사파리를 즐기며 웰니스하게 보낼 수 있다.

응고롱고로 분화구
Ngorongoro Crater

웅장한 응고롱고로 분화구(Ngorongoro Crater)는 세계 최대의 칼데라(Caldera)로 유명하다. 이 곳에는 세계적으로 멸종이 우려되는 생물종들을 포함하여 많은 야생 동물이 서식하고 있다. 분화구 내의 동물들은 이동을 쉽게 하지 않아 연중 내내 사파리가 가능하다. 평균 지름이 16~19km에 달하는 분화구는 가장자리의 높이만 바닥부터 400~610m에 이른다. 풀이 자라는 분화구 바닥에는 탁 트인 평원과 거무스름한 호수와 늪, 아카시아 숲 등으로 이루어져 있다.

응고롱고로 분화구 내에는 검은코뿔소와 사자, 하마, 누, 얼룩말, 영양, 그랜트가젤, 톰슨가젤, 버펄로, 기린, 점박이하이에나, 각종 조류 등이 서식하고 있다. 유목 생활을 하는 마사이족과 야생 동물들이 공존하며 살아간다.

응고롱고로 자연 보존 지역(Ngorongoro Conservation Area)은 북서쪽의 세렝게티 국립 공원의 평원으로부터 동아프리카 대지구대(Great Rift Valley)의 동쪽에 이른다. 고지대 평야와 사바나 삼림과 숲 등으로 이루어진 광활한 지대에 응고롱고로 분화구와 14km에 달하는 협곡 올두바이 계곡(Olduvai Gorge)이 들어 있다. 이곳에서 인간의 진화와 인간과 환경 간의 역동적인 상호 관계를 보여 주는 흔적들이 다수 발견되었다. 최근 들어 마사이족의 경작지가 지나치게 확장되며 자연을 훼손하고 야생 동물을 위협하므로 관리와 보호가 필요한 시점이다.

ZANZIBAR

Tanzania

잔 지 바 르
Zanzibar

탄자니아의 잔지바르는 건축, 종교, 음식 등 독특한 문화와 아름다운 해변을 보유한 섬으로 제주도보다 조금 작다. 주민들의 대부분은 이슬람교도로 이슬람과 아프리카 문화가 융합된 이색적인 풍경이 연출된다. 관광 주요 산업으로 영화 <보헤미안 랩소디>의 주인공인 영국 록 밴드 퀸의 프레디 머큐리가 태어나고 자란 곳으로도 유명하다.

잔지바르는 흑인을 의미하는 페르시아어 잔지(Zanzi)와 해안을 뜻하는 바르(bar)의 복합어로 말 그대로 '검은 해안'을 말한다. 8세기 무렵부터 아랍인들이 이곳에서 노예 무역을 하고 향신료 시장을 독점하면서 번영하기 시작했다. 포르투갈과 오만, 영국의 지배를 받다가 1963년에 영국으로부터 독립했다. 1964년에 잔지바르 혁명 이후 탄자니아의 자치령이 되었다.

스톤타운 Stone Town

2000년 세계 문화유산으로 지정된 스톤타운은 사람들이 일반적으로 상상하는 아프리카와는 사뭇 다른 모습이다. 이슬람 문양의 건축들이 빼곡히 들어서 있는 구불구불한 미로를 따라가면 이슬람 복장의 아프리카 사람들, 타투, 과일, 기념품 가게들이 늘어서 있어 보는 재미가 있다. 마치 오래된 영화 속의 한 장면 안에 들어온 느낌이다.

하지만 곳곳에는 여전히 노예 시장의 어둡고 슬픈 흔적이 남아 있다. 술탄의 왕궁, 오만 제국의 요새, 이슬람 사원, 성공회 성당, 프레드 머큐리 박물관, 탐험가 리빙스턴의 집 등의 유적지를 볼 수 있다. 저녁에는 선착장 옆의 야시장에서 문어, 새우, 랍스터 등 다양한 해산물, 육류 꼬치구이 등 음식을 파는 상인들과 관광객들로 북적이는 활기찬 모습을 둘러보며 맥주를 한잔하는 것도 좋다.

키짐카지 Kizimkazi 돌고래 투어

보트를 타고 30분 정도 바다로 나가면 인도양의 푸른 바닷속에서 자유롭게 살아가는 돌고래 떼를 감상할 수 있다. 돌고래 떼가 보이면 가이드가 '점프'라고 외치는데 관광객들은 이 소리를 듣고 일제히 바다로 뛰어든다. 바다에서 스노클링이나 스쿠버다이빙을 하며 돌고래의 자연 생태 모습을 체험할 수 있다. 마치 인생의 선물과 같은 여행이다.

터틀 아일랜드 Turtle Island

노예 무역이 한창일 때 노예들을 감금하는 바람에 프리즌 아일랜드(Prison Island)라고 불렸다는 슬픈 역사가 있는 섬이다. 최근에는 거북이를 보호하는 일에 힘쓰고 있어 터틀 아일랜드라고 한다. 개체 수의 파악과 추적, 보호를 위해 거북이 등에는 나이가 적혀 있다. 어린 거북이부터 백 살이 넘은 거북이까지 수십 마리를 보호하고 있으며 거북이를 직접 만져 볼 수도 있다.

해변 켄드와 Kendwa, 능귀 Nungwi, 파제 Paje

잔지바르는 인도양의 작은 보석 같은 섬이다. 산호가 부서져 만든 하얀 모래 위에 파란 에메랄드빛으로 반짝이는 바다는 인도양 최고의 휴양지로 불리기에 손색이 없다. 고급 호텔과 리조트가 있어서 편안한 휴식, 맛있는 음식, 진홍빛의 노을을 감상하며 여유로운 휴가를 즐길 수 있다. 삼각형의 하얀 돛이 달린 이곳의 전통 배 도우(Dhow)를 타고 노을을 감상도 할 수 있다. 파제 해변에서는 카이트서핑도 체험할 수 있다.

향신료 Spice Plantation 투어

 3시간 정도 음식 재료, 치료제 등 다양한 종류의 향신료를 체험하며 배울 수 있다. 관광객들은 가이드가 설명하는 잎과 줄기, 열매, 뿌리 등의 효능을 듣고 직접 맛을 본다. 체험 후에는 점심을 먹고 과일을 먹는다.

로맨틱한 레스토랑 더락 The Rock

랍스터 해산물 요리가 풍부한 식당이다. 배를 타고 들어가기도 하고 물이 빠지면 걸어갈 수도 있다. 현지인들이 추천하는 카페테리아 스타일의 루크만 식당((LUKMAAN CUISIN)에서 현지의 다양한 맛과 향을 느낄 수 있다.

항공을 이용해 두바이나 아디스아바바를 경유해서 잔지바르에 갈 수 있다. 또는 다르에스살렘(Dar es salaam)에서 경비행기를 타거나 페리를 이용해도 좋다. 킬리만자로 트레킹이나 세렝게티 사파리를 마친 후에 아루샤나 킬리만자로 공항에서 다르에스살렘이나 잔지바르까지 경비행기를 이용하면 편하게 갈 수도 있다.

KILIMANJARO
5,895m

REEN

Tanzania

킬리만자로 Mount Kilimanjaro 트레킹

킬리만자로(Mount Kilimanjaro)는 탄자니아 북동부에 있는 성층 화산이다. 아프리카 대륙 최고봉으로 남위 3도에 위치해 적도와 가장 가까운 곳이다. 스와힐리어로 킬리마(Kilima)는 산을 말하고 나자로(njaro)는 빛난다는 뜻이라 킬리만자로는 말 그대로 빛나는 산, 하얀 산이란 의미. 킬리만자로 키보봉의 정상을 우후루 피크라고 하는데 5,895m의 높이에 남북으로 50km, 동서로는 30km의 타원형을 이룬다. 서쪽에는 쉬라봉(4,005m)과 키보봉(5,895m) 맞은편에 마웬지봉(5,149m) 등 세 개의 봉우리가 나란히 서 있다. 산 정상은 만년설로 덮여 있고, 서쪽 가장자리에 빙하가 있다. 너비 1.9km 최고 깊이 300m의 칼데라 분화구가 있다.

우후루(Uhuru)는 스와힐리어로 독립을 뜻한다. 제2차 세계대전 이후 모든 아프리카인들은 서구로부터의 독립을 꿈꾸었고 킬리만자로는 독립의 상징이 되었다. 지구 온난화로 2000년대 이후로 만년설과 빙하가 빠르게 사라지고 있다고 하니 어쩌면 얼마 지나지 않아 킬리만자로의 만년설과 빙하를 볼 수 없을지도 모른다.

킬리만자로가 영국 식민지인 케냐에 속해 있던 1876년에 영국의 빅토리아 여왕이 자신의 조카이자 빅토리아 아델레이드 메리 루이자 공주의 아들인 빌헬름에게 킬리만자로를 선물로 주었다고 한다. 이후 탄자니아가 영국으로부터 독립하며 킬리만자로는 탄자니아 소유가 되었다. 관광 수입이 큰 킬리만자로를 빼앗긴 케냐로서는 아마도 탄자니아를 부러워할 듯하다.

킬리만자로까지 가는 가장 좋은 방법은 에티오피아 항공으로 인천을 출발해 아디스아바바에서 환승하여 킬리만자로 국제공항에 도착하는 일정이다. 평평한 사바나 열대 초원 위에 우뚝 솟아오른 킬리만자로와 정상의 만년설이 연출하는 이국적인 모습만으로도 매력적인 아프리카 시그니처 투어이다.

킬리만자로는 전 세계 트레킹 마니아들이 방문하는 아프리카 최고의 트레킹 명소이다. 킬리만자로 트레킹 루트는 6개에 달하는데 일반인들도 정상 등반이 가능한 상대적으로 쉬운 코스 세 개를 코카콜라(Coca Cola) 루트라고 하며, 전문 산악인들이 등반하는 상대적으로 어려운 코스 세 개를 위스키(Whiskey) 루트라고 부른다.

코카콜라 루트는 마랑구(Marangu)와 롱가이(Rongai), 므웨카(Mweka)가 속한다. 그중 가장 유명한 마랑구 루트는 킬리만자로 트레킹 루트 중 가장 많은 사람들이 등반하는 곳이다. 등반에는 보통 5일 정도 걸린다. 등산로와 숙박 시설인 산장(Hut)도 비교적 잘 구비되어 있다. 고산병 없이 마지막 날 정상을 등정하는 힘든 고비만 잘 넘기면 우후루 피크 정상에 설 수 있다.

한국인들도 가장 많이 간다는 마랑구 루트 일정을 살펴보자. 먼저 에티오피아 항공(ET)편으로 탄자니아 킬리만자로 공항에 도착한다. 입국 심사 때는 여권을 제시하고 도착비자 서류 작성과 함께 미화 50달러를 제출한다. 이후 차를 타고 한 시간 정도 이동해 킬리만자로 등반의 베이스캠프 격인 모시라는 도시에서 숙박한다. 여기서 등반할 때 필요한 복장과 물품, 비상용품 등을 점검하고 개인적으로 휴대할 배낭과 포터에게 맡기는 짐을 구분하여 싼다. 이때 등반 전문 인솔자로부터 트레킹 구간 정보와 날씨, 숙박, 식사 등의 점검 사항을 안내 받는다.

1일 차, 킬리만자로 등반 시작 포인트 마랑구 게이트에 집합하여 입산 신청서를 작성하고 등반 전문 가이드, 포터, 셰프와 함께 출발한다. 마랑구 게이트 1,970m에서 출발하여 만다라 산장(Mandara Hut) 2,700m까지 약 8km에 약 5시간의 트레킹이 이루어진다.

1일 차는 울창한 열대 우림을 통과하는 완만한 지형으로 비교적 수월한 코스다. 소나기가 내리면 길이 미끄러워 어려움을 겪을 수도 있다. 만다라 산장에 도착한 뒤에 휴식을 취하거나 가까운 마운디(Maundi) 분화구까지 산책할 수도 있다. 셰프들이 차린 저녁 식사를 마친 후에 잠자리에 든다. 등반 시에 점심은 도시락식을 먹고 아침, 저녁은 셰프가 직접 해준 요리를 먹는다.

2일 차, 만다라 산장 2,700m에서 출발하여 호롬보 산장(Horombo Hut) 3,720m까지 12km, 약 7시간의 트레킹 코스다. 들꽃이 핀 초원 지대를 지나고 건조한 황야 지대를 통과하는 코스로 날씨가 좋으면 마웬지와 키보 정상을 볼 수 있다. 3,000m를 지나면 고산 증세를 느끼는 사람이 하나둘씩 나온다.

3일 차, 호롬보 산장에서 휴식을 취하며 고산 증세에 적응한다. 등반의 성공률을 높이기 위해서는 하루 더 휴식을 취한다. 지브라락 4,050m까지 등반하고 다시 호롬보 산장으로 내려오는 약 4km 코스를 4시간 정도 트레킹한다.

4일 차, 호롬보 산장에서 출발하여 키보 산장(Kibo Hut) 4,700m까지 약 10km, 8시간가량 트레킹을 한다. 건조한 화산 지대를 통과하는 코스다. 고산 증세에 적응할 수 있도록 천천히 등반한다. 이른 시간에 저녁을 먹고 다음 날의 정상 등정을 위해 일찍 잠자리에 든다.

5일 차, 한밤중에 일어나 간단한 식사를 마치고 자정쯤 정상을 향해 출발한다. 한스마이어 동굴(Hans Meyer Cave) 포인트 5,180m 지점을 통과하여 길만스 포인트(Gilman's Point) 5,685m 도착한다. 힘들고 험한 바위와 자갈길을 지나면 아프리카에서 가장 높은 우후루 피크 5,895m에 도착한다. 상행 등반 거리 약 6km, 7시간의 트레킹이다. 정상에 올라 다양한 빛깔을 연출하는 일출과 빙하를 감상하고 하산한다. 키보 산장까지 하산하여 점심을 먹고 휴식을 취한 다음 호롬보 산장으로 하산한다. 하산 시에 등반 거리는 약 16km이며 5시간 정도 트레킹한다.

6일 차, 호롬보 산장 출발하여 마랑구 게이트까지 약 20km, 5시간 정도 트레킹한다. 킬리만자로 등반 증명서를 발급받으면 킬리만자로 트레킹이 끝난다.

킬리만자로 트레킹은 누구나 도전할 수 있지만, 모두 정상에 오르지는 못한다. 고산병 증상이 오면 너무 아쉬워하지 말고 내게 허락한 곳은 여기까지라 생각하고 겸손하게 아래를 향해 하산해야 한다. 항상 안전이 최우선이어야만 한다.

킬리만자로를 트레킹할 때 가이드들에게 가장 많이 듣는 말이 "뽈레뽈레(Polepole)"다. 마치 인사하듯 "뽈레뽈레"라고 하는데, 이는 '천천히'라는 뜻이다. 그렇다면 가장 많이 듣는 노래는? 당연히 '하쿠나 마타타'다. 하쿠나 마타타(Hakuna matata)는 스와힐리어로 '걱정마 다 잘될 거야'라는 위로의 주문으로 디즈니의 애니메이션 '라이온 킹'의 OST로도 유명하다.

Hakuna Matata
What a wonderful phrase
Hakuna Matata
Ain't no passing craze
It means no worries
For the rest of your days
It's our problem-free philosopsy
Hakuna Matata "

묻지 마라 왜냐고 왜 그렇게 높은 곳까지 오르려 애쓰는지 묻지를 마라" 조용필의 '킬리만자로의 표범' 노래 가사 중 일부다. 짧은 인생에 왜냐고 묻지 말고 하고 싶은 거 하고 살자. 킬리만자로 트레킹은 대우림, 초원, 관목 황야 지대, 빙하 지대 등 다양한 자연환경을 체험할 수 있다.

유럽인들이 선호하는 마차메 루트 트레킹을 일정별로 살펴보자.

1일 차, 마차메 게이트에 도착해 입산 신청서를 작성하고 등반 전문 가이드와 포터, 셰프와 함께 출발한다. 마차메 게이트(1,790m)에서 출발하면 마차메 캠프(3,010m) 까지 약 11km, 7시간 정도 걸린다. 오르막길에는 고목과 원시 양치류, 이끼 등의 식물들로 구성된 산악 열대 우림 지역이 펼쳐지는데 가끔 나무 꼭대기에서 살아가는 흑백 콜로부스 원숭이와 만나기도 한다. 길이 미끄러우므로 주의해야 한다. 마차메 캠프에 도착하면 포터들이 미리 쳐놓은 텐트를 볼 수 있다. 1인 1텐트에서 휴식하고 잠을 잔다. 중식은 도시락식으로 하고 아침과 저녁은 셰프의 요리를 즐긴다.

2일 차, 마차메 캠프에서 출발하여 쉬라 캠프(3,845m)까지 5.4km를 약 5시간에 걸쳐 트레킹 한다. 출발해서 한 시간 정도 가파른 오솔길을 지나 숲 정상까지 오르고, 쉬라 고원까지 두 시간 정도 탁 트인 황무지 지대를 걷는다. 점심을 먹고 암석 지대 능선을 따라 올라가면 쉬라 평원에 도착한다. 이곳에서 키보봉, 빙하 지대를 감상하며 쉬라 캠프까지 간다.

3일 차, 쉬라 캠프에서 출발하여 바랑코 캠프(3,960m)까지 10.8km, 약 8시간 정도 트레킹 한다. 사막 지대를 지나 약 5시간 정도 등산하여 라바타워(4,640m)에 도착한다. 점심을 먹고 바랑코 캠프까지 약 2시간 내리막 코스다. 바랑코 캠프는 Great Barranco Wall 아래에 있으며 킬리만자로의 아름다운 풍광과 신비로운 석양을 감상할 수 있다.

4일 차, 바랑코 캠프에서 출발하여 바라푸 캠프(4,640m)까지 약 8.5km를 8시간 정도 트레킹 한다. 거대한 협곡인 Great Barranco Wall의 긴 능선을 따라 오르락내리락 걸으며 키보 남쪽의 풍경을 감상한다. 카랑카 계곡에 도착해서 점심을 먹고 약 3시간 등산하여 바라푸 캠프에 도착한다. 이곳이 신선한 물을 사용할 수 있는 마지막 구간으로 바라푸 캠프 이후부터는 식수를 제외한 물을 사용할 수 없다. 능선에 위치한 바라푸 캠프는 강한 바람이 부는 지역이므로 특별히 주의해야 한다. 이른 저녁을 먹고 정상 등정을 위해 일찍 취침 한다.

5일 차, 한밤중에 기상한 후에 간단히 식사를 하고 자정쯤 정상을 향해 출발한다. 바라푸 캠프에서 출발하여 약 6시간 산행하여 스텔라 포인트(5,730m)에 도착한다. 1시간 정도 더 걸어가면 아프리카 최고봉 킬리만자로 정상 우후루 피크(5,894m)에 도착한다. 정상 에서 아름다운 일출과 신비로운 빙하를 감상하고 하산한다. 바라푸 캠프로 하산하여 식 사와 휴식을 취한다. 짐을 챙겨 음웨카 캠프(3,080m)로 하산한다. 총 트레킹 거리는 약 19km이며 14시간 가량 소요된다.

6일 차, 음웨카 캠프에서 출발하여 음웨카 게이트(1,640m)까지 약 10km를 4시간에 걸 쳐 트레킹 한다. 완만한 열대 우림을 지나 음웨카 게이트에 도착한 다음 킬리만자로 하산 신고를 하고 등반 증명서를 발급받은 뒤 트레킹을 마친다.

트레킹 준비물

여권(여행이 끝나는 날 기준으로 6개월 이상의 유효 기간이 남은 여권), 황열병 예방 접 종 카드, 동계용 침낭(없으면 출발 전에 신청하면 현지 대여 가능), 개인용품(수건, 치약, 칫솔, 썬크림, 상비약, 선글라스, 휴대폰 충전 배터리, 로션, 수통, 보온통, 물티슈 등), 포터 카로 운반하기에 적당한 카고백, 배낭(트레킹 시 사용할 소형 배낭 포함), 트레킹화(본인 발에 최적화된 트레킹용 신발), 방한점퍼, 동계용 바지, 등산 양말, 겹쳐 입을 수 있는 얇은 옷 여러 벌, 방한모자, 챙이 넓은 모자, 장갑, 헤드 랜턴, 방수복

트레킹을 할 수 있는 체력

평상시에 자주 등반을 즐기고 하루 20km 이상 걸어도 다음날 근육통이 없는 체력을 가 지고 있다면 도전할 수 있다. 특별한 의료 장치나 약품이 필요한 심혈관 질환, 호흡기 질 환이 있는 사람은 참가할 수 없다.

여행사 패키지 프로그램 중에 차로 왕복 4시간 이상 걸리는 킬리만자로 국립 공원 입구 앞에서 트레킹은 하지 않고 달랑 사진 한 장 찍으러 가지는 말자.

케 냐

케냐

CONTENTS

MAASAI MARA

Kenya

마사이마라 국립보호구
Masai Mara National Reserve

케냐 나이로비에서 약 270km 떨어져 있는 마사이마라 국립 보호구(Masai Mara National Reserve)는 세계적으로 유명한 사파리 지역이다. 나이로비에서 사파리 차량으로 6시간 정도 이동하면 탄자니아의 세렝게티 국립 공원과 마라강을 사이에 두고 국경을 마주하고 있는 마사이마라 국립 보호구를 만날 수 있다. 이곳의 면적은 1,510㎢로 제주도와 비슷하며, 세렝게티보다 규모는 작은 편이다.

우기와 건기에 따라 이동하는 야생 동물의 대이동을 관찰할 수 있다. 물과 풀을 찾는 동물들은 매우 느린 속도로 이동하므로 동물을 보는 시기를 정확하게 맞추기는 쉽지 않다. 광활한 사바나에서 동물들은 감각만으로 매년 같은 길을 찾아간다. 세렝게티에서는 5월~7월에 걸쳐 누 떼를 중심으로 대이동이 이루어진다. 마사이마라에서는 7월말~9월에 동물들을 가장 많이 볼 수 있다. 기후에 따라 시기의 차이가 조금씩 달라지기도 한다.

초식 동물이 대이동을 시작하면 이들을 사냥하는 육식 동물이 따라 움직인다. 수백만 마리 누 떼와 같은 초식 동물이 어느 정도 육식 동물에 잡아먹혀도 종족을 유지하는 데는 큰 문제가 없다. 동물을 위협하는 것은 지구 온난화나 기후 변화로 인한 가뭄 등이다. 자연 생태계는 인간의 영향이 없으면 오히려 더 잘 유지되는 것 같다.

마사이마라로 가는 방법은 나이로비에서 사파리 차량을 이용해 육로로 이동할 수 있고 시간은 약 6시간 정도 걸린다. 경비행기를 타면 마사이마라까지 약 45분 만에 도착한다.

마사이마라에서는 사파리 빅 5(사자, 표범, 코끼리, 코뿔소, 버펄로)와 누, 얼룩말, 하마, 임팔라, 톰슨가젤, 하이에나, 자칼, 몽구스 등 다양한 동물들을 볼 수 있다.

08

벌룬 사파리는 이른 새벽에 열기구를 타고 40~50m 상공에서 광활한 초원 위에서 뛰어노는 동물들의 모습과 아프리카의 초원의 어둠을 밝히는 아름다운 일출, 이국적인 풍경을 감상하는 체험이다. 한 시간 정도의 비행을 마치면 사바나 초원 위에 차려진 아침을 먹으며 비행을 축하하는 샴페인을 마시는데 초원에서 마시는 샴페인의 향기는 감동 그 자체다. 이것만으로도 인생 여행 버킷 리스트에 올리기에 충분할 정도다. 이에 더해 마사이 원주민 마을을 방문하여 그들만의 독특한 전통 환영 의식과 생활상도 경험할 수 있다.

마사이마라 사파리에서는 야생 동물들의 생태계를 생생하게 체험할 수 있다. 자연 생태계를 유지하기 위해 탄생, 번식, 먹이 사냥, 생존과 죽음이 반복적으로 이루어지는 야생의 모습을 눈앞에서 볼 수 있다. 국립 보호구에서는 자연을 훼손하는 행동을 하지 말아야 한다. 특히 케냐는 비닐봉지 사용을 금하고 있으므로 반드시 유의해야 한다.

마사이마라에는 다양한 등급의 숙박 시설이 있다. 한국의 패키지 여행에서는 세레나, 소파 로지를 주로 이용한다. 프라이빗 럭셔리 로지에서의 숙박도 가능하다.

럭셔리 로지로는 JW Marriott Masai Mara Lodge, Mahali Mzur, Neptune Mara Rianta Luxury Camp - All Inclusive 등이 있는데 대이동(Migration) 기간에는 가격도 비쌀 뿐만 아니라 예약도 어렵다.

마사이족
Ngorongoro Crater

검은 전사의 후예로 불리는 마사이족은 탄자니아와 케냐에 걸친 그레이트리프트밸리 지역에서 유목을 하며 가축의 피와 우유를 주식으로 한다. 용맹함으로 무장한 마사이족은 나무 옹이로 만든 사냥 도구인 룽구를 이용해 야생 동물에서 가축을 보호한다. 4~8가구에 약 50~60명 정도가 한 집단을 이루어 가축과 함께 살아간다. 집을 지을 때는 나무와 갈대로 엮어 골조를 만들고 그 위에 소의 배설물과 진흙, 물을 개어서 바른다. 집 주위에는 가축을 보호하기 위해 크고 둥근 가시나무 울타리를 친다.

남자아이는 약 14~17세에 할례를 받고 머리를 깎는다. 상처가 아물고 다시 머리가 자라게 되면 제사장에게 모라니(전사)로 인정을 받는다. 전사의 지위는 15년간 유지된다. 전사는 부모로부터 소를 분양받아 가정을 꾸리고 신부를 맞이한다. 결혼할 때 신랑은 신부의 집에 신부 값으로 소를 지급하는 풍습이 있다. 마사이족은 매우 평등하며 노예를 소유하지 않는다.

최근에는 마사이족을 찾는 여행객이 많아져서 마사이 댄스나 집안 구경, 소의 피를 뽑는 공연, 성인식 등을 보려면 돈을 내야 한다. 이렇게 돈을 번 마사이족의 젊은 부자는 더 많은 가축을 사고, 아내를 얻어 자식을 더 많이 낳아 세력을 확장해서 마을의 의사 결정에 유리한 위치를 차지한다. 자녀들을 도시로 유학 보내는 마사이족도 있다. 그들은 이제 유목민이 아니라 현대 문물을 사용하는 정착민이 된 듯하다. 탄자니아와 케냐 정부도 이들에게 정착 농경 생활을 할 수 있도록 제도적 지원을 이어가고 있다.

암보셀리 국립공원 사파리
Amboseli National Park

암보셀리 국립 공원(Amboseli National Park)은 케냐의 수도인 나이로비에서 남동쪽으로 약 240km, 해발 1,070m의 고지대에 있다. 1974년 국립 공원이 되었고, 1991년에 유네스코 생물권 보전 지역으로 지정되었다. 392㎢에 이르는 면적으로 마사이마라 국립 보호구에 비해 작은 편이다. 암보셀리는 5,895m의 킬리만자로산(Mount Kilimanjaro) 봉우리의 하얀 눈과 사바나 열대 초원을 걷는 아프리카코끼리의 낯선 모습을 한눈에 감상할 수 있는 최적의 장소다. 국립 공원 내에 정착해 살아가는 마사이족 마을도 방문할 수 있다.

암보셀리는 자연 생태계가 잘 유지되고 있으며, 평원, 아카시아 숲, 가시나무 수풀이 자라는 용암 지대, 늪지대, 초지, 호수, 경사 지대 등으로 구성되어 있다. 이곳은 화산 폭발로 방출된 화산암으로 이루어져 있어 눈이 녹은 물이 암석을 통과하여 끝없이 공급된다.

면적은 작지만 아프리카코끼리가 많이 서식하는 암보셀리에서는 사자, 치타, 검은 코뿔소, 하마, 기린, 톰슨가젤, 하이에나, 버펄로, 임팔라, 자칼 등 50여 종의 포유동물과 500여 종의 조류 등 야생 동물들의 모습을 관찰할 수 있다. 최근에는 코끼리의 숫자가 늘어나 초원이 황폐해지고 숲의 면적이 줄었다고 한다. 이를 막기 위해서 코끼리의 숫자도 적절히 관리할 필요가 있고 기후 변화로 황폐해지는 것을 막기 위해 나무들을 심어 초원을 보존해야 한다.

이곳은 어니스트 헤밍웨이의 소설 <킬리만자로의 눈>으로 유명해졌는데 이곳에서 소설을 집필하던 헤밍웨이는 킬리만자로에는 오르지 않았지만, 사파리는 즐겼다고 전해진다.

로지에서 저녁 식사를 마치고 주변을 산책하다가 하늘을 보면 깜깜한 하늘에 별이 가득한 풍경을 볼 수 있다. 숨을 깊게 들이마셔 신선한 공기를 머금은 바람을 몸속에 가득 저장하고 싶어질 정도다. 울타리 밖에서 들려오는 야생 동물의 소리에 귀를 기울이다 보면 마치 어린 시절에 읽었던 동화책의 그림 속에 들어와 있는 듯한 상상에 빠지기도 한다.

나이바샤 호수
Lake Naivasha

그레이트 리프트 밸리(Great Rift Valley) 해발 1,884m에 위치한 나이바샤 호수는 케냐 나이로비에서 북서쪽으로 93km, 차로 약 1시간 30분 정도 떨어진 거리에 있다. 면적은 139㎢에 달하며 평균 깊이는 6m, 최대 깊이는 30m에 이르는 담수호다. 나이바샤(Naivasha)는 아프리카어로 호수라는 뜻이다.

이곳에서는 400종 이상의 조류, 하마 무리, 기린, 얼룩말, 영양류 등 다양한 야생 동물을 만날 수 있다. 그물을 던져 틸라피아(Tilapia)를 잡는 어부와 아프리카 석양이 비치는 호수의 풍경은 현대인들에게는 낯설고도 매력적인 모습이 될 것이다. 바쁜 세상에서 단절된 듯한 순수 자연의 한가로움이 마음을 사로잡을 것이다.

만일 소파 리조트(Sopa Resort)에서 묵는다면 보트를 타고 동물들을 관찰하는 수상 보트 사파리와 초승달 모양의 크레센트섬(Crescent Island)에 들어가 워킹 사파리를 즐길 수 있다. 크지는 않지만 아기자기한 맛이 있는 곳으로 2~3시간 정도 소요된다. 밤이 되면 야행성 동물인 하마가 물에서 나와 소파 로지 정원에 올라와 풀을 뜯는 모습도 볼 수 있다.

애 버 데 어 국 립 공 원 트 리 톱 스
Aberdare National Park Treetops

1952년의 어느 날, 영국의 엘리자베스 공주는 결혼식을 마치고 남편 필립 공과 함께 케냐 니에리(Nyeri) 지역의 나무 위에 만든 트리톱스 로지에서 달콤한 신혼의 밤을 보냈다고 한다. 그런데 다음 날 아침 그녀는 아버지 조지 6세가 서거했다는 소식을 듣는다. 조지 6세가 57세의 이른 나이에 갑자기 세상을 뜨면서 갓 결혼한 26살의 새신부 엘리자베스가 왕위에 오르게 되었다. 그래서 공주로 올라가 여왕으로 내려왔다는 스토리를 갖게 된 트리톱스 로지는 룸에서 숲속의 동물들을 관찰할 수 있는 흥미로운 숙박지다. 적도(Equator)에도 갈 수 있고, 케냐 최고 품질의 커피를 생산한다는 니에리 커피 농장을 방문할 수도 있다.

카 렌 블 릭 센 박 물 관
Karen Blixen Museum

영화 '아웃 오브 아프리카'와 '바베트의 만찬'의 작가 카렌 블릭센이 1917년부터 1931년까지 살았던 집으로, 현재는 박물관으로 운영되고 있다. 덴마크 출신인 카렌 블릭센은 결혼 후에 남편과 함께 아프리카로 건너와 커피농장을 운영했다. 그런데 남편으로부터 매독이 옮아 오랫동안 고생하다가 남편과 이혼하고 홀로 커피 농장을 운영했다.

커피 농장이 파산한 뒤에 영국인 사냥꾼 데니스와 사랑에 빠졌던 그녀는 데니스가 비행기 추락 사고로 사망하자 사라진 꿈과 상처뿐인 추억을 안고 아프리카를 떠나 덴마크로 돌아간다. 이후 3년간 집필에 몰두한 그녀는 1934년 아이작 디네센(Isak Dinesen)이란 필명으로 '7개의 고딕 이야기(Seven Gothic Tales)'를 써서 작가로 데뷔했다. 1937년에 자서전적 소설 '아웃 오브 아프리카(Out of Africa)'를 발표하며 유명 작가 반열에 올랐다. 박물관에는 카렌의 사진, 생전에 사용했던 생활용품, 전화기, 타자기, 가구, 책 등이 전시되어 있다. 내부의 기념품점에서 추억할만한 물건을 고를 수 있다.

기 린 호 텔 지 라 프 매 너
Giraffe Manor

지라프 매너는 기린과 함께 생활하는 독특한 형태의 부티크 호텔이다. 12개의 방에서 기린을 직접 만나 볼 수 있어 특별한 장소를 선호하는 사람들에게 추천한다. 하지만 예약하기도 힘들고 가격도 비싼 편이다. 멸종 위기에 처했던 로스차일드 종의 기린을 보호하면서 인간과 자연이 함께 살아가는 자연 친화적 모습을 보여 주고 있다.

기 린 센 터
Giraffe Centre

멸종 위기의 로스차일드 종의 기린을 보호하고 번식시키기 위해 설립되었다. 수익금은 생태 자연 보존 기금으로 사용된다. 기린뿐 아니라 혹멧돼지, 거북이, 조류 등 다른 동물도 관찰할 수 있다. 센터에서 주는 사료와 나뭇가지만 기린에게 줄 수 있다. 내부에 티하우스와 기념품점이 있다.

코끼리 고아원
Sheldrick Elephant & Rhino Orphanage

밀렵을 반대하며 야생 동물을 보호하고 구조 활동을 해온 데이비드 셸
드릭 야생 동물 보호 재단(David Sheldrick Wildlife Trust)에서 코끼리
구조 및 재활 프로그램을 운영하는 곳이다. 불법 밀렵꾼에 의해 어미를
잃은 아기 코끼리와 다친 코끼리들을 돌본다. 사전 예약제로 매일 1회
오전 11시~12시에 관람할 수 있다. 이곳의 코끼리들을 보고 있으면 저절
로 애틋한 마음이 들면서 자연과 동물을 보호해야겠다는 생각이 든다.

나이로비 국립공원
Nairobi National Park

1946년에 국립 공원으로 지정되었으며 나이로비 시내에서 약 30분 정
도 거리에 있다. 케냐 마사이마라, 암보셀리에 비해 규모는 작은 편이
고 큰 지역의 사파리를 가지 못할 때 맛보기로 가기에 좋은 곳이다. 사자
와 기린, 영양류, 원숭이 등의 동물들과 멸종 위기 동물인 검은코뿔소 등
100여 종의 포유류와 500여 종의 조류가 서식한다.

사파리 캣츠 쇼
SAFARI CATS

나이로비 사파리 파크 호텔의 극장식 식당인 야마 초마 식당(Nyama
Choma Ranch)에서 야생 고기 바비큐 식사 후 밤 9시부터 45분 동안 댄
서와 곡예사(Dancer & Acrobats)로 이루어진 팀이 주제에 맞추어 음악
과 춤, 패션이 어우러진 역동적인 공연을 펼친다. 아프리카 전통 춤과 현
대적인 연출이 융합된 쇼를 보고 난 후에 댄서들과 사진 촬영도 가능하다.

CONTENTS

——

짐 바 브 웨
잠 비 아

09

빅토리아 폭포
Victoria Falls

짐바브웨와 잠비아 국경을 흐르는 잠베지강에 자리 잡은 빅토리아 폭포 (Victoria Falls)는 탐험가인 데이비드 리빙스턴이 1855년에 유럽인 최초로 발견하며 당시 여왕의 이름을 따서 명명했다고 한다. 이과수 폭포와 나이아가라 폭포와 함께 세계 3대 폭포 중 하나다.

짐바브웨 빅토리아폴스 공항이나 잠비아 리빙스턴 공항을 이용해 빅토리아 폭포로 갈 수 있다. 하지만 잠비아 현지인들은 빅토리아 폭포라고 하지 않고 예전 원주민들이 부르던 지명이 들어간 모시 오야 투냐(Mosi oa Tunya)라고 부른다. 이는 '천둥소리가 나는 연기'라는 뜻이다. 여기서 말하는 연기란 수십 킬로미터 밖에서도 보이는 하얀 물보라를 의미한다. 현지에서는 줄여서 '빅폴'이라고도 한다.

풍광은 저절로 대자연의 위대함을 느끼게 한다. 폭포의 우렁찬 소리는 옆 사람과 대화를 할 수 없을 정도로 크고 우비를 입어도 물보라에 홀딱 젖을 정도이다. 짐바브웨 사이드의 빅토리아 폭포에는 16개의 뷰 포인트가 있다. 하지만 우기에는 엄청난 물보라가 수백 미터 이상까지 치솟아 온통 물로 뒤덮인 세상이 되어 그 속에 숨겨진 모습을 볼 수 없다.

9월에서 11월에 이르는 건기에는 폭포의 수량이 급격히 줄어 물보라의 웅장함은 사라지고 데블스 캐터랙트, 메인 폴스, 호스슈 폴스, 레인보우 캐터랙트, 암체어 폴스, 이스턴 캐터랙트 등 7개의 작은 폭포들이 모습을 나타낸다. 작은 폭포들의 숨겨진 비경을 따라 산책하면서 뷰 포인트에서 사진도 찍을 수 있다.

빅토리아 폭포에서는 다양한 체험을 즐길 수 있다. 그중 하나로 오후 4시 넘어서 승선하는 잠베지강 선셋 크루즈가 있다. 잠베지강에서 사는 하마와 악어, 원숭이, 코끼리와 각종 조류의 모습을 한 시간 정도 구경하다 보면 어느덧 해가 분홍색으로 물들고, 곧이어 점점 강렬한 붉은색으로 변한다. 찰나의 순간에 넘어가는 매혹적인 아프리카의 아름다운 석양을 눈에 담을 수 있다.

잠베지강의 선셋 크루즈와 헬리콥터 투어는 꼭 참여할 것을 권한다. 헬리콥터를 타고 하늘에서 내려다보는 빅폴은 또 다른 크기와 모습으로 가슴에 남을 것이다. 용기를 내서 도파민이 샘솟는 라이언 워킹 사파리 투어에 참가해 봐도 좋다. 이때 만나는 사자들은 2년 이상 사람들의 손에서 사육되어 사람에게 길들어 있다. 또한 전문 사육사가 동반하므로 안전 규칙만 잘 지키면 흥미로운 체험이 될 것이다.

폭포 아래의 협곡을 체험하는 래프팅 코스도 다양하니, 본인에게 맞는 것을 선택하는 것도 좋겠다. 레포츠 마니아라면 111m 높이의 다리 위에서 협곡 아래로 몸을 던지는 번지 점프 체험을 추천한다. 상상 이상의 짜릿함을 느낄 수 있다. 폭포 끝자락에는 세상에서 가장 오싹한 악마의 수영장 투어가 기다리고 있다. 단, 이곳은 건기에만 이용할 수 있다.

빅토리아 폭포 공원 안에는 '빅 트리'라고 불리는 거대한 바오밥 나무가 있다. 천년이 넘게 살아온 바오밥 나무는 높이가 20m에 둘레만도 16m가 넘는다.

폭포의 하얀 물보라가 보이는 빅토리아 폴스 호텔에서 정글 정선 디너 뷔페와 함께 즐기는 아프리카 토속 민속춤 공연도 볼만하다.

또한 아프리카 전통 조각품들을 파는 공예 시장(Craft market)도 방문할 수 있다.

럭셔리 빅토리아 폴스 호텔
The Victoria Falls Hotel

천둥 치는 듯한 우렁찬 폭로 소리와 하늘 높이 솟아오른 하얀 물보라
를 볼 수 있는 럭셔리 호텔이다. 오후 7시부터 10시까지 정글 정션 디
너(Jungle Junction Dinner)를 즐길 수 있다. 7시 30분~10시 15분까지
고급 뷔페 스타일의 디너를 즐기며 아프리카의 전통 가면을 쓰고 영적
인 춤을 추는 공연, 전통 악기 공연을 감상할 수 있다.

보 츠 와 나

보츠와나

CONTENTS

CHOBE

Botswana

초 베 국 립 공 원
Chobe National Park

야생 동물의 멸종을 막기 위해 1967년 보츠와나 최초로 국립 공원으로 지정되었다. 면적은 11,700㎢로 보츠와나에서 두 번째로 크다. 보츠와나 북서부의 도시 카사네(Kasane)를 통해 갈 수도 있으며 짐바브웨 빅토리아 폭포에서도 갈 수 있다. 빅토리아 폭포에서는 약 80km 정도 떨어져 있다. 국경 출입국 수속까지 약 1시간 30분 소요된다.

초베 국립 공원에서는 SUV 사파리 차량을 이용해 지상 사파리(게임 드라이브)를 즐길 수 있는데 이곳에서는 사자 정도만 볼 수 있고 다양한 야생 동물을 관찰하기는 어렵다. 하지만 넓은 초베강의 보트 크루즈 사파리는 보트 안에서 편안하고 여유롭게 동물들을 가까이서 관찰하며 즐길 수 있어 인기가 좋다.

럭셔리한 하우스 보트에 숙박하면서 사파리를 즐길 수도 있다. 이곳의 하이라이트 풍경은 세계에서 가장 큰 무리를 형성하는 코끼리 떼의 모습으로 이곳에만 약 12만 마리의 코끼리가 서식한다. 이곳의 코끼리들은 건기에 초베강 인근에 머물다가 우기가 되면 200km 떨어진 공원의 남동쪽으로 이동한다고 한다.

럭셔리 호텔 초베 하우스 보트
ZAMBEZI QUEEN HOUSEBOATS

이보다 더 여유로울 수 없다 럭셔리 호텔 초베 하우스보트 사파리

OKAVANGO

Botswana

오카방고 델타
Okavango Delta

보츠와나 북서부에 위치한 오카방고 델타는 바다로 물이 흘러들지 못하는 약 60만 헥타르의 영구 습지대와 계절에 따라 범람하는 120만 헥타르의 평원으로 이루어진 곳이다. 이곳은 내륙에 발달한 삼각주로 매우 희귀한 지질학적 특성을 보여 준다. 총 길이가 1,500km에 이르는 오카방고강은 남아프리카에서 세 번째로 큰 강이다. 바다로 흘러들지 못하는 강물은 칼라하리(Kalahari) 분지의 사막 모래 속으로 스며들거나 증발한다. 이곳은 2014년에 유네스코 세계 유산에 등재되었다.

현대문명에서 벗어나 초자연적 한가로움과 여유로운 시간을 만끽하고 싶은 분들에게 원시 상태에 가까운 오카방고 델타를 추천한다. 특별한 곳을 찾아 럭셔리 허니문을 즐기고 싶거나 특별한 가족여행을 즐기는 분들이 찾는다면, 다양한 야생 동물과 독특한 자연 생태계에 압도당할 것이다. 빅 5를 비롯해 치타와 하마, 누, 임팔라, 기린, 각종 조류 등 야생 동물 사파리를 체험할 수 있다.

게임 드라이브뿐 아니라 헬기나 경비행기, 이곳의 전통 배인 모코로 (mokoro) 및 보트 투어, 승마나 워킹 사파리, 낚시 등 다양한 체험을 즐길 수 있다.

오카방고 델타 마운 국제 공항 MUB

오카방고 델타의 관문인 마운(Maun)까지는 육로로 이동하기는 불편하므로 항공편을 이용하는 것이 좋다. 에어링크(AIR LINK 4Z)항공은 남아공 케이프타운 요하네스버그에서 오카방고 마운 국제공항(MUB)까지 매일 운항한다. 빅토리아 폭포, 초베 국립 공원 관광 지역에서는 주 2회 정도 운항하는 카사네 공항(BBK)을 이용할 수도 있다.

럭셔리 캠프 & 로지

하늘 아래 습지, 그곳의 초자연적인 비밀을 보다
셀럽들의 비밀이 허락되는 곳 - 럭셔리 캠프 & 로지

&BEYOND 헬기 투어

&BEYOND 승마 사파리

&BEYOND 모코로 체험

&BEYOND 사파리 게임 드라이브

우간다 에티오피아

르완다

마다가스카르

CONTENTS

모험을 즐기는 오지여행
마니아를 위한 곳

마다가스카르의 바오밥 애비뉴
Avenue Of The Baobabs

모론다바에서 차로 20분 남짓 북쪽으로 올라가면 세계의 사진가들이 열광하는 바오밥 애비뉴가 보인다. 어린 왕자를 읽은 사람이라면 누구나 기억하는 바오밥 나무가 여기 있다. 마다가스카르 사람들은 바오밥 나무를 '숲의 어머니' 또는 '원숭이 밥나무'라고 부른다. 바오밥 나무와 여우원숭이는 마다가스카르의 상징으로 여겨질 정도다.

하늘을 향해 일직선으로 솟아 있는 바오밥 나무들이 줄지어 있는 바오밥 애비뉴는 그 자체만으로도 매혹적이며, 이곳에서 보는 일몰은 마치 미지의 세계에 온 것 같은 특별한 풍경을 선물한다.

에 티 오 피 아 의 대 롤 화 산
Dallol Volcano

에티오피아 다나킬 사막의 거대한 화산 지대에 있는 대롤 화산은 유황
성분을 다량으로 함유한 바위들이 많아 에티오피아의 옐로스톤이라고
도 불린다. 이곳은 지면이 해수면보다 120m 정도 낮아 세상에서 가장
낮은 땅으로 알려졌다. 그 때문에 홍해에서 바닷물이 들어오는데, 오랜
세월이 흐르며 바닷물은 증발하고 소금과 유황 성분만 남은 분지가 만
들어졌다. 여러 종류의 광석 물질이 형형색색의 풍광을 이룬다. 지금도
호수에는 유황이 나오고 연평균 34도에 최고 기온이 60도 이상으로 세
계에서 가장 더운 화산 지역이다. 하지만 활화산으로서의 분화 조짐은
아직은 보이지 않는다.

다나킬 사막 Danakil Desert

다나킬 소금 사막은 에티오피아 북부와 에리트레아 남부, 지부티 북서부에 걸쳐 있다. 낮에는 섭씨 50도를 넘는 고온으로 유명한 지역이다. 지구상에서 가장 고도가 낮은 지역으로, 소수 민족인 아파르 부족들이 소금을 채취하는 모습과 하얀 소금으로 뒤덮인 소금 호수의 장관을 볼 수 있다. 채취한 소금을 실어 나르는 낙타 카라반의 모습을 구경할 수 있다.

시미엔 트레킹 Simien Trekking

시미엔 국립 공원 내의 에티오피아 최고봉 라스 다센(Ras Dashen 4,550m)이 있는 광활한 자연을 즐기는 트레킹이다. 1,500m에 달하는 절벽과 500m의 폭포를 보고 왈리아 아이벡스(Walia Ibex) 염소, 개코원숭이 바분, 여우를 관찰할 수 있다. 또한 곳곳에 있는 아담한 마을과 그곳에 사는 사람들을 만날 수도 있다.

트레킹을 할 수 있는 좋은 시기는 12월~3월에 이르는 건기이다. 3,000m 이상의 고도라 햇살은 뜨겁고 바람은 차다. 데바르크(Debark)에서 라스 다센(Ras Dashen)을 거쳐 아디 아르카이(Adi Arkay)까지 약 140km를 일주하는데 보통 7일~10일 정도 걸린다. 핵심 지역만 골라서 3일 트레킹도 가능하다. 트레킹을 할 때는 의무적으로 스카우트(총을 들고 야생 동물로부터 트레커들을 보호하는 사람)를 고용해야 하며 요리사와 가이드, 마부와 뮬라를 이용할 수 있다.

르완다·우간다의 마운틴 고릴라 트레킹
The Mountain Gorilla Trekking

르완다와 우간다, 콩고 민주 공화국의 접경 지역인 비룽가 화산 지대에는 멸종 위기에 처한 마운틴 고릴라가 서식한다. 약 천 마리 정도의 마운틴 고릴라가 남아 있다고 한다. 이들은 실버 백(Silver Back)이라 불리는 우두머리 수컷을 중심으로 10~30마리씩 무리 지어 살아간다. 마운틴 고릴라 트레킹을 위해서는 르완다의 루헨게리(Luhengeri)나 우간다의 브윈디(Bwindi)로 가야 한다. 6~8월이 성수기로 사전 예약은 필수다.

관광 인프라가 좋은 르완다로 여행객이 더 많이 간다. 스트레스와 질병으로부터 마운틴 고릴라를 보호하기 위해 한 팀에 8명 이하로 구성되고 고릴라와 접촉할 수 있는 시간은 1시간으로 제한된다. 입장료는 비싼 편이고 수익금은 고릴라의 지속적인 보호 및 연구 활동에 사용된다.

아프리카 여행 준비물 퍼 팩 트 TIP

여권과 비자

여행이 끝나는 시점을 기준으로 6개월 이상 잔여기간이 남은 유효한 여권과 8면 이상 빈 사증 란이 있어야 한다. 아프리카 여행을 할 때는 남아공을 제외한 국가의 경우 별도의 비자가 필요하며 국가별 사전 e비자 신청 및 현지 도착 비자로 진행한다.

준비물 및 복장

- [ ] 여권, 황열병 접종 증명서(따로 보관하지 말고 항상 여권 케이스에 넣어 보관하는 것이 좋다),
- [ ] (여권을 분실했을 경우를 대비한) 여권 사진 2~3장
- [ ] 항공권(E-ticket)
- [ ] 멀티 어댑터
- [ ] 손목시계
- [ ] 모자
- [ ] 선글라스
- [ ] 선크림
- [ ] 바르는 모기 벌레 퇴치제
- [ ] 편한 신발, 슬리퍼
- [ ] 사파리 투어 시 먼지 방지용 얇은 스카프 혹은 마스크
- [ ] 날씨에 따른 보온용 점퍼
- [ ] 개인 상비약(상시 복용하는 의약품과 기본 상비약)
- [ ] 기타 일반 휴대품(칫솔, 치약 등의 세면도구와 면도기 등 일회 용품 및 물티슈 등의 개인용품)
- [ ] 기호 식품(고추장, 컵라면, 김, 마른반찬 등)
- [ ] 환전 및 개인 경비 (베드 팁, 가이드 및 운전 기사 팁, 포터 팁, 음료, 주류)
- [ ] 멀미가 심한 사람은 경비행기, 크루즈 일정을 진행하기 전에 멀미약을 복용하면 도움이 된다.

평상시에는 캐주얼한 복장(여름용 긴 바지, 면 티셔츠, 얇은 바람막이 점퍼, 편한 신발 등)으로 입는다. 항공 수하물의 무게는 항공사별로 약간의 차이가 있으나 보통 개당 약 23kg 정도다. 짧은 일정의 사파리 투어 시에는 2~3일간 필요한 짐을 별도로 분리할 수 있는 작은 가방(보스턴백 종류)에 짐을 싼다. 사파리 투어 일정 중 경비행기 탑승 시 짐은 1인당 15kg으로 제한된다. 큰 짐은 나이로비 또는 아루샤에 보관한다.

휴대품으로 금속류의 주머니칼 등은 반입이 허용되지 않으니 수하물용 가방에 넣는다. 분실 위험이 있으므로 고가의 액세서리와 전자기기, 고액의 현금 등은 가져가지 않는다.

황열병 예방 접종 및 말라리아 약 복용 안내

황열병은 거의 소멸되었으나, 에티오피아, 케냐, 탄자니아 등 동부 아프리카 국가에 입국할 때, 동부 아프리카 관광 후 남아공에 입국할 때는 황열병 접종 카드를 요구할 경우가 있다. 여행 출발 10일 전까지 검역소나 접종 가능 병원에서 접종을 완료하고 접종 카드(Yellow card)를 발급받아야 한다.

반드시 전화로 예약한 후에 여권과 백신 접종 비용·증명서 발급 비용(약 60,000원)을 준비해 의료 기관을 방문한다. 황열 예방 백신은 비교적 안정적이고 효과적인 백신으로 평생 면역력이 유지된다.

말라리아 예방약은 권장 사항이다. 국립 의료원이나 검역소에서 황열병 예방 접종 후 가정의학과에서 진료를 받고 말라리아 약을 처방받는다. 말라리아 약은 개인의 건강 상태에 따라 약 처방이 달라지므로 반드시 진료 후에 구입한다. 말라리아 약 처방 시 간혹 장티푸스나 기타 여러 가지 예방약들에 대한 처방을 권유받기도 하나 필요하지 않으므로 처방받지 않는다. 말라리아 약을 복용한다고 해도 100% 예방되지 않는다. 말라리아 원충에 감염된 모기에 물리지 않도록 주의하는 것이 가장 좋은 방법이다. 오지 지역을 제외한 시그니처 아프리카 여행 후에 말라리아에 감염된 사람은 한 명도 없었다

국립 검역소 홈페이지 https://nqs.kdca.go.kr

아프리카 시차 안내

[케냐, 탄자니아, 에티오피아] 한국보다 6시간 느림

[남아공, 짐바브웨, 잠비아, 보츠와나, 나미비아] 한국보다 7시간 느림

아 프 리 카 여 행 환 전 환 율 및 신 용 카 드 사 용

대부분의 아프리카 국가에서는 미국 달러 (USD) 사용이 가능하므로 공통 환전은 달러화로 한다. 1달러, 2달러, 5달러, 10달러, 20달러, 50달러 등 소액권을 나누어 준비한다.

[케냐/탄자니아] 케냐의 실링(KES) 공항에서 소액 환전하거나 USD 사용 가능

[짐바브웨] 자국 화폐가 통용되지 않으므로 USD를 사용한다 (신용 카드도 사용할 수 있으나 가능하면 현금을 사용한다)

[잠비아/보츠와나] 자국 화폐가 통용되나 USD 사용을 권한다

[남아공] USD는 통용되지 않으며 남아공 화폐인 랜드화(ZAR)와 신용 카드 사용이 가능하다. 환전은 남아공 도착 시 공항에서 할 수 있다. 국내 KEB 하나은행에서 랜드화로 환전할

수 있다. 원화에서 바로 랜드화(ZAR)로 환전할 수 있으니, 원화에서 USD로 환전한 후 랜드화로 다시 환전할 때 발생하는 환차손과 중간 수수료를 줄일 수 있다. 단, 은행 지점마다 보유 여부가 다를 수 있으므로 방문 전에 꼭 확인해야 한다. (1랜드는 약 70원)

[나미비아] 나미비아 화폐인 나미비아 달러(NAD), 남아공 랜드(ZAR), 신용 카드 사용도 안전한 편이다. 남아공 랜드화와 동일한 환율로 나미비아에서 사용할 수 있다. 단, 나미비아 달러는 남아공에서 사용하거나 통용되지 않고, 남아공 랜드화만 사용할 수 있다.

여행자 보험

짐을 분실하거나 파손 시에는 여행자 보험 한도 내에서만 배상 처리가 된다. 현지 경찰서 또는 공항에서 분실 신고서를 받아 제출해야 여행자 보험 혜택을 받을 수 있다. 패키지여행의 경우 현지 경찰서 방문 등으로 인해 불가피하게 일정이 단축되거나 축소될 수도 있다.
케이프타운을 제외한 다른 지역은 의료 수준이 좋지 않아 안전한 여행이 되도록 항상 신경 써야 한다. 도난이나 분실, 파손, 치료 등에 대해서는 대부분 여행자 보험 내의 보상 범위는 생각보다 크지 않기 때문에 사전에 각별히 주의하는 것이 좋다. 보험 비용을 추가하면 보상 범위를 높일 수 있다.

아프리카 여행 시 서비스 팁

서비스 팁은 정해져 있지는 않지만 일반적으로
베드팁(침대 당 USD 1달러)
포터 팁(가방 당 USD 1달러)
운전기사 팁(1일 USD 30달러)
영어 가이드 팁(1일 기준 USD 30달러)
한국인 가이드 팁(1일 USD 50달러)

공항 출입국 수속 안내 및 주의 사항

신속한 수속을 위해 개인 보딩을 원칙으로 한다. 공항과 국경에서 출입국 수속을 하거나 도착 비자를 받을 경우에는 시간이 지체될 수 있다. 아프리카 여행에서는 여유 있게 기다리는 마음이 필요하다. 각 나라 입국 시 공항 입국장에서 사진 촬영이 금지된다.

특히 케냐와 탄자니아에서는 휴대 전화나 카메라를 꺼내기만 해도 벌금을 내라고 하는 경우가 있으므로 공항 입국장에서는 특히 주의한다. 케냐는 환경 보호를 위해 비닐봉지 반입이 금지되는데 면세점 비닐봉지를 포함하여 비닐은 한 장도 가져갈 수 없다. 단, 속옷이나 세면도구 등을 담은 지퍼백 정도만 화물로 보내는 큰 가방 안에 보관하는 것이 가능하다. 반입되지 않는 비닐(면세점 비닐, 기타 마트나 편의점 등 시중에서 사용하는 검정 비닐과 같은 일반 비닐)을 소지할 경우, 공항 입국 시 무작위로 검사하는 경우도 있으니 유의해야 한다.

짐 꾸릴 때 주의할 점

아프리카 여행은 중간 항공 이동이 많고 도로 사정이 좋지 않아 여행용 캐리어가 파손되거나 도착이 지연되는 경우가 많으므로 이틀 정도 입을 수 있는 속옷과 옷가지를 기내용 가방에 준비하면 비상시에 도움이 된다.

귀중품, 카메라, 휴대폰, 상시 복용약 등은 반드시 휴대용 가방에 보관한다. 아프리카 여행은 일정상 빈번하게 항공으로 이동하거나 새로운 도시를 갈 수도 있으므로 매일 짐을 싸고 옮겨야 하는 번거로움이 있다. 또한 아침 일찍 출발할 때는 저녁에 미리 짐을 싸서 호텔에 두고 가는 물건이 없도록 확인해야 한다. 현지 사정이 좋지 않아 물건을 두고 갔을 때 다시 찾기가 쉽지 않다.

차량 탑승 및 이동 시 주의 사항

아프리카 지역에 따라 버스, 기차, 경비행기, 사파리 SUV 차량, 요트, 유람선 등 교통편 및 투어 방법이 다양하다. 탑승 전 주의 사항을 숙지하고 글로벌 매너를 꼭 지켜야 한다. 특히 동부 아프리카 지역은 도로 사정이 열악하고 사파리 국립 공원 내부 도로는 비포장이므로 펑크나 기타 고장 등이 발생할 수 있다. 또한 큰 도시를 제외하고는 에어컨이 없는 차량이 대부분이다. 따라서 현지 사정을 이해하고 아프리카에 대한 배려의 마음이 필요하다.

사파리 투어 시 주의 사항

동부 아프리카의 경우 도시를 제외한 사파리 국립 공원 지역은 비포장도로이므로 비 온 후, 혹은 예상치 못한 도로 사정으로 이동 시간이 늘어나서 일정이 지연될 수 있다. 사파리 시에는 4~6명씩 조를 편성하여 랜드크루저에 탑승한다.

아프리카는 도로 사정이 열악한 경우가 많아 타이어 펑크나 기타 고장 등이 발생할 수 있다. 최대한 신속하게 조치를 취해도 시간이 지연될 수 있으므로 여유로운 마음으로 기다려야 한다. 경비행기는 이용 가능한 정원이 정해져 있고 수하물도 1인당 15kg로 제한적이다. 투어 인원이 많다면 두 대 이상으로 나누어 탑승할 수도 있어 출발이나 도착 시간이 약간씩 다를 수도 있다. 사파리 차량은 창문과 루프를 완전히 오픈하여 비포장도로를 달리기 때문에 에어컨이 없으며 먼지가 유입될 수 있으므로 먼지 대비용 스카프, 마스크, 물티슈를 준비하고 차량 이동 시 허리나 기타 신체 부위가 다치지 않도록 안전에 유의해야 한다.

사파리 시에는 전적으로 사파리 가이드 레인저의 안내를 따라야 한다. 지정된 장소를 제외하고는 절대 차량 밖으로 나오면 안 된다. 동물들을 자극하거나 먹이를 주는 행위는 절대 금지다. 아프리카 사파리 투어는 야생 동물을 찾아다니는 투어이므로 그날그날의 상황이나 동물들의 이동 경로에 따라 사파리의 내용이 달라질 수 있다.

안전 및 건강에 관한 주의 사항

여행에서 가장 중요한 점은 안전과 건강이므로 주의 및 안전 사항을 반드시 숙지하고 따라야 한다. 밤에 호텔이나 로지 밖에서의 개별 행동은 금지한다. 차량으로 이동할 때는 창문을 열어 호객하는 상인에게 물건을 사거나 구걸하는 아이들에게 돈을 주는 행위는 자제한다.

벌레에 물렸을 때는 반드시 약을 바르고 여행 도중에 몸이 불편해지거나 물이나 음식을 먹고 탈이 났다면 가이드에게 도움을 요청하고 병원이나 약국을 찾아 즉시 처방받도록 한다.

장기간의 여행을 대비해 개인 상비약이나 건강 보조제를 넉넉하게 준비한다. 햇볕이 강한 아프리카에서는 일정에 따라 땀을 많이 흘릴 수도 있으니 적당량의 나트륨을 섭취하여 탈수증을 막는다. 한국에서 저염식을 하는 사람들은 아프리카의 음익이 짜게 느껴질 수 있다.

아프리카 여행 베스트 시즌 성수기

여행이 끝나는 시점을 기준으로 6개월 이상 잔여기간이 남은 유효한 여권과 8면 이상 빈 사증 란이 있어야 한다. 아프리카 여행을 할 때는 남아공을 제외한 국가의 경우 별도의 비자가 필요하며 국가별 사전 e비자 신청 및 현지 도착 비자로 진행한다.

남아공의 기후와 날씨 및 성수기

케이프타운은 지중해성 기후이며, 요하네스버그 등의 내륙 지역은 고온 건조한 아열대 기후다.
6월~8월은 여행 비수기이다.

3월~5월 / 9월~10월 : 한국의 봄, 가을 날씨와 비슷하며 일교차가 큰 편으로 아침저녁으로 쌀쌀하나 낮에는 비교적 온화하다. 여행 준성수기이다.
6월~8월 : 케이프타운 지역은 지중해성 기후로 비가 많이 내리고 일교차가 큰 편으로 우리나라의 쌀쌀한 초겨울 날씨와 비슷하며, 내륙 지역인 요하네스버그는 비가 내리지 않아 건조한 편이다.
11월~2월 : 케이프타운은 비가 거의 오지 않아 고온 건조한 여름 날씨가 이어지며, 요하네스버그는 소나기가 자주 내린다. 여행 성수기이다.

케냐, 탄자니아의 기후와 날씨 및 성수기

마사이마라, 나이로비 등의 내륙 지역은 고온 건조한 고산 기후이며, 몸바사 해안 지역은 고온 다습하다. 케냐 마사이마라에서 사파리를 즐기기 위해서는 6월~10월이 적기다. 탄자니아 사파리 성수기는 12월~3월까지나, 초식 동물의 대이동 시기에 따라 다소 차이는 있을 수 있다. 킬리만자로 트레킹은 연중 가능하지만, 우기인 4~5월은 피하는 게 좋다.

3월~5월 : 최저 13℃~최고 25℃로 일교차가 큰 편이며 비가 자주 내린다.
6월~8월 : 최저 10℃~최고 21℃로 일교차가 큰 편이며 다소 쌀쌀하다. 비가 거의 내리지 않는다.
9월~2월 : 최저 13℃~최고 26℃로 온화한 편이다. 비가 거의 내리지 않으며 가끔 소나기가 내린다.

짐바브웨, 잠비아, 보츠와나의 기후와 날씨 및 성수기

11월~3월까지 빅토리아 폭포와 보츠와나 초베 사파리 투어의 성수기이다.

4월~10월 : 최저 10℃~최고 25℃, 비교적 온화하나 일교차가 큰 편이다. 비가 거의 내리지 않는 건조한 기후다.
11월~3월 : 최저 18℃~최고 32℃, 비가 자주 내리는 우기 시즌이라 고온 다습하다.

나미바아의 기후와 날씨 및 성수기

나미비아에만 간다면 4월~5월, 9~10월이 적당하다. 만약 다른 지역과 연계한다면 12월~3월에 방문하는 것이 좋다.

4월~5월 : 최저 10℃~최고 25℃로 온화한 편이다. 비가 거의 내리지 않는 건조한 사막 기후다.
6월~8월 : 최저 8℃~최고 20℃로 아침저녁으로 쌀쌀한 편이다.
9월~10월 : 최저 15℃~최고 28℃로 낮에는 더운 편이다. 고온 건조한 사막 기후다.
11월~3월 : 최저 15℃~최고 35℃로 비가 내리는 고온 다습한 여름 날씨다.

에티오피아의 기후와 날씨 및 성수기

고원 지대인 아디스아바바는 고산 기후의 특징을 보인다. 연평균 기온이 16℃ 정도로 기온 변화가 거의 없이 온화하고 쾌적하다. 저지대는 기온이 높고 습한 열대 기후다. 지역에 따라 고산 기후와 열대 기후, 일부에는 사막 기후가 나타난다.

4월~5월 : 소우기 / 6~9월 : 대우기로 비가 자주 내려 습하다. 최저 16℃~최고 22℃로 온화한 편이다.
10월~3월 : 최저 15℃~최고 24℃로 비가 거의 내리지 않는 건조한 기후다.

시그니처 아프리카 여행을 위해서는 방문 국가의 비자와 출입국에 필요한 정보를 확인하고 사전에 준비해야 한다.

국가별 비자 및 출입국 TIP
(※ 2024년 4월 이후 변경된 내용은 네이버 해파랑농부 블로그 참조)

남아프리카공화국 (남아공) 비자 및 출입국 서류
비자 발급 시 필요 서류 : 비자 없이 30일 무비자 입국
입국 시 필요 서류 : 없음. 단, 동부 아프리카 여행 후 입국 시 황열병 접종 카드를 요구할 수도 있다.

케냐 비자 및 출입국 서류
비자 발급 시 필요 서류 : 여권, 최근 6개월 이내 찍은 사진(휴대폰 사진도 가능), 호텔 예약 확정서, 항공권
발급 비용 : USD 30달러 외 수수료 별도
발급 장소 : 온라인 신청 https://evisa.go.ke/
소요 시간 : 약 2~5일
입국 시 필요 서류 : 여권, 비자, 입국 신청서, 황열병 접종 증명서
출국 시 필요 서류 : 없음

탄자니아 비자 및 출입국 서류
비자 발급 시 필요 서류 : 여권, 비자 신청서
발급 비용 : USD 50달러
발급 장소 : 공항 또는 국경
소요 시간 : Arrival 도착 비자
입국 시 필요 서류 : 여권, 비자 비용(USD 50달러), 입국 신청서, 황열병 접종 증명서
출국 시 필요 서류 : 출국 신청서
[참고] https://www.tanzaniavisas.org/ko
한국에서 탄자니아 e-비자 온라인 신청도 가능

짐바브웨, 잠비아, 보츠와나 비자 및 출입국 서류
비자 발급 시 필요 서류 : 여권, 비자 신청서 (KAZA UNI 카자 유니 비자: 짐바브웨, 잠비아, 보츠와나 통합 비자)
발급 비용 : USD 50달러
소요 시간 : Arrival 도착 비자
입국 시 필요 서류 : 여권, 카자 유니 비자(비용 USD 50달러), 입국 신청서
출국 시 필요 서류 : 없음

나미비아 비자 및 출입국 서류
비자 발급 시 필요 서류 : 여권, 비자 신청서, 귀국 항공권, 황열병 접종 증명서
발급 비용 : NAD 1,200 (USD 약 70달러)]
발급 장소 : 빈트후크 공항
소요 시간 : Arrival 도착 비자
입국 시 필요 서류 : 여권, 비자 신청서, 비자 비용(NAD 1,200), 귀국 항공권, 황열병 접종 증명서
출국 시 필요 서류 : 출국 신청서

에티오피아 비자 및 출입국 서류
비자 발급 시 필요 서류 : 여권, 여권용 사진(디지털 파일 형태 JPEG)
발급 비용 : USD 80달러
발급 : 온라인 신청 https://www.evisa.gov.et/
소요 시간 : 약 1주일
입국 시 필요 서류 : 여권, 비자, 입국 신청서
출국 시 필요 서류 : 없음

아프리카 국가 간략 TIP

남아프리카 공화국
Republic of South Africa

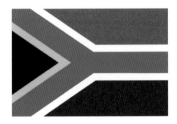

수도: 프리토리아(행정), 케이프타운(입법),
블룸폰테인(사법)
면적: 1,219,090㎢ (한반도의 약 5.5배)
언어: 영어, 아프리칸스어, 줄루어 등 11개 공용어
통화 단위: 랜드(ZAR)
종교: 기독교(72.6%), 카톨릭교(7.1%), 이슬람
교(1.5%),힌두교(1.2%), 토착 신앙(0.3%), 유대
교(0.2%), 기타(17.1%)

케 냐
Republic of Kenya

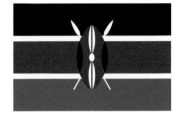

수도: 나이로비
면적: 582,646㎢ (한반도의 약 2.7배)
언어: 스와힐리어(통용어), 영어(공용어)
통화 단위: 케냐 실링(KES)
민족 구성: Kikuyu(23%), Luhya(14%),
Luo(13%), Kalenjin(11%), Kamba(10%),
Kisii(8%), Meru(8%) 등 약 44개 부족
종교: 기독교(80%, 카톨릭 포함), 이슬람
(10%), 기타(10%)

탄 자 니 아
United Republic of Tanzania

수도: 다레살람(Dar es Salaam, 경제 수도),
도도마(Dodoma, 정치 수도, 의회 소재지)
면적: 945,087㎢(한반도의 약 4.3배)
언어: 스와힐리어, 영어
통화 단위: 탄자니아 실링(TZS)
종교: 본토- 이슬람교(35%), 토속 종교(35%),
기독교(30%) / 잔지바르- 이슬람교(99%)

잠 비 아
Republic of Zambia

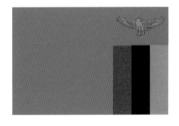

수도: 루사카(Lusaka)
면적: 752,614㎢(한반도의 약 3.4배)
언어: 영어(공용어)
통화 단위: 콰차(ZMK)
종교: 기독교(70%), 이슬람교, 토착 신앙

짐 바 브 웨
Republic of Zimbabwe

수도: 하라레(Harare)
면적: 390,745㎢ (한반도의 약 1.7배)
언어: 영어(공용어), 토착어
통화 단위: 미 달러 통용
민족 구성: Shona족(일명 Mashona족) 78%,
Ndebele족(일명 Matabele족) 20%, 기타 2%
종교: 기독교(60~70%), 토착 신앙(20~30%),
기타(10%)

보 츠 와 나
Republic of Botswana

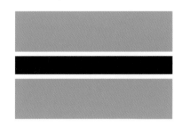

수도: 가보로네
면적: 581,730㎢ (한반도의 약 2.7배)
언어: 츠와나어, 영어
통화 단위: 풀라(BWP)
종교: 기독교(50%), 토착 신앙(50%)

나 미 비 아
Republic of Namibia

수도: 빈트후크(Windwoek)
면적: 825,418㎢ (한반도의 약 3.7배)
언어: 영어(공용어), 독일어, 그 외 부족어
(Rukwangali, Silozi, Setswana, Damara/Nama,
Afrikaans, Herero, Oshiwambo)
통화 단위: 나미비아 달러(NAD)
종교: 기독교(90%), 기타 토착 신앙

에 티 오 피 아
Federal Democratic Republic of Ethiopia

수도: 아디스아바바(Addis Ababa)
면적: 1,104,300㎢ (한반도의 약 5배)
언어: 암하라어(공용어), 영어
통화 단위: 에티오피아 바르(ETB) (1ETB = 약
36KRW)
종교: 에티오피아 정교(Orthodox, 43.5%), 이
슬람교(34%), 기타 토착 종교

마 다 가 스 카 르
Republic of Madagascar

수도: 안타나나리보
면적: 587,041㎢(한반도의 약 2.7배)
언어: 말라가시어, 프랑스어
통화 단위: 아리아리(MGA)
종교: 기독교(50%), 토착 신앙(50%)

우 간 다
Republic of Uganda

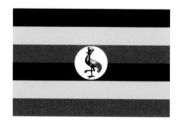

수도: 캄팔라(Kampala)
면적: 241,139㎢ (한반도의 약 1.1배)
언어: 영어(공용어), 스와힐리어(2005년 9월부
터 공용어), 루간다어(바간다족 언어)
통화 단위: 우간다 실링(UGX)
종교: 기독교(개신교 42%, 가톨릭 41.9%),
이슬람(12.1%), 기타(14%)

르 완 다
Republic of Rwanda

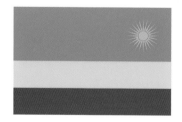

수도: 키갈리(Kigali)
면적: 26,338㎢(남한의 약 1/4)
언어: Kinyarwanda(키냐르완다)어, 불어, 영어
통화 단위 :르완다 프랑(RWF)
종교 : 기독교(개신교 50.2%, 가톨릭 44.3%),
이슬람(2%), 기타(0.9%), 무교(2.5%)

'아프리카'를 떠올리면 영화 아웃 오브 아프리카와 배경음악으로 사용한 모차르트의 클라리넷 협주곡이 생각난다. J.M. 쿳시의 《야만인을 기다리며》,《추락》도 빼놓을 수 없다. 언젠가 가보고 싶은 미지의 세계, 자연이 살아 있는 아프리카, 여행작가이며 여행사 대표인 제자 김남철의 《시그니처 아프리카》를 읽으며 가슴이 뛴다. 마음이 한발 앞서 아프리카로 달려간다.

| 한범수 경기대학교 교수, 전 (사)한국관광학회 회장, 시인

내 오랜 지인이 쓴 '시그니처 아프리카'는 아프리카의 진정한 아름다움을 탐험하는 여행자들을 위한 소중한 지침서입니다. 이 책을 읽는 것만으로도, 우리 모두가 그의 눈을 통해 아프리카의 사파리, 눈부신 해변, 그리고 숨겨진 문화적 보석들을 경험할 수 있습니다. 저는 이 책을 여러분에게 강력히 추천합니다. 그것은 단순히 여행 가이드가 아니라, 새로운 세계로의 문을 열어주는 열쇠입니다.

| 조병열 우리은행 부행장

여행자들에게 끊임없는 경이로움과 다양한 매력을 선사하는 아프리카. 아프리카 대륙의 대자연 속에 피어있는 문화, 역사, 사람들을 접하며 나만의 여행을 계획하는 분들께 적극 추천하는 필독서입니다. 지금까지 알지못했던 아프리카의 원초적이며 황홀한 아름다움을 만끽하고 프라이빗하고 럭셔리한 휴식으로 다음 여정을 준비하는 분들이라면 '시그니쳐 아프리카' 추천합니다.

Ⅰ 이광열 전 대한항공 중동아프리카 본부장

시그니처 아프리카'는 개인의 취향에 따라 아프리카 여행을 디자인할 수 있는 지침서다. 아쉬움 없는 아프리카 여행을 희망한다면 이 책은 당신의 손에 있어야 한다. 저자의 전문적인 노하우와 더불어 세심함으로 여행자들이 놓치기 쉬운 부분까지 잘 정리돼있어 '상상보다 즐거운 아프리카'를 만나게 해 줄 것이다. 품격 있는 언행과 부드러운 미소를 가진 저자와의 만남은 늘 행복하고 즐거웠다. 계속해서 최고의 전문가로 활동해 주기를 바란다. 또한 산티아고 순례길 저자로서 해외 트레킹 프로그램 진행도 잘 되기를 기대한다.

Ⅰ 이혜혁 메이퍼스트 대표

On behalf of the Embassy of the Republic of Kenya in Seoul, I would like to offer my sincere congratulations to Mr. Kim Nam-cheol on the publication of 'Signature Africa'.

Signature Africa will be a useful travel guidebook for the Korean public with information on Native African animals, attractive destinations in Africa as well as essential tips for traveling. I hope many readers will travel to Africa, especially Kenya, an incredible and magical land rich in diverse cultures and vast wildlife. Karibu Kenya!

| Ambassador Prof. Emmy Kipsoi, the Ambassador of the Republic of Kenya to Korea.

누구나 아프리카에 대해한가지쯤은안다. 그곳이 '미지의 땅'이라는 사실. 그래서 믿을 만한 전문가가 만든콘텐츠, 탄탄한 회사가 기획한 여행상품이 절실하다. 그동안 수많은 사람의 아프리카 여행을 디자인했고, 숱한 순례자의 산티아고 길 완주를 도왔으며, 강릉에서 구슬땀 흘려 맛난 농산물을 길러낸린 투어김남철 대표가 책을 만들었다. 막연하고 막막한 아프리카 여행의 좋은 길잡이가 되리라 생각한다.

| 최승표 중앙일보 레저팀 기자

마음 한 구석에서 아련하기만 했던 20년 전 아프리카 여행의 추억을 <시그니처 아프리카>가 생생하게 되살려냈다. 만약 그 때 이 가이드북과 함께 했었다면 훨씬 더 깊고 다채롭게 아프리카를 느꼈을 게 분명하다. 여행전문가로서 직접 현장을 누비고 무엇이든 깊게 탐구하는 저자의 꼼꼼한 배려 덕분이다. 이제 와서 아쉬워한들 무슨 소용이겠는가, 두 번째 아프리카 여행을 감행해보는 수밖에! <시그니처 아프리카>를 들고 사파리 투어에 나설 생각에 벌써부터 흥미진진하다.

ㅣ김선주 여행신문 편집국장

10여년전 저자를 처음 만났을때는 부잣집 맏아들로 태어나 남부러울 것 없이 자란 귀공자같았다. 부드러운 말투에 정제된 행동까지. 당췌 빈틈이라곤 찾아볼 수 없는 '차도남' 이랄까...

저자를 조금씩 알게 되면서 해파랑농부를 자처하는 그의 마음이 보이기 시작했다. 노력한 만큼 결실을 얻는 전형적인 농부의 마음이 오늘날 저자를 여행 크리에이터로 성장케 한 원동력임을 느끼게 했다. 이번에 발간한 부자들을 위한 럭셔리 여행책자 '시크니처 아프리카' 에도 저자의 노력과 경험이 곳곳에 녹아 있었다. 수많은 정보의 홍수속에 우리가 원하는 진정한 아프리카 여행 크리에이터를 이 책에서만 만나볼 수 있다.

ㅣ류동근 세계여행신문사 사장

[참고]

일러스트 & 사진 이혜린
해파랑농부 블로그 [blog.naver.com/haeparanghaus]
Sabi Sabi [sabisabi.com]
&BEYOND [andbeyond.com]
The Blue Train [bluetrain.co.za]
Rovos Rail [rovos.com]
Sun International [suninternational.com/sun-city]
Royal Johannesburg & Kensington Golf Club[royaljk.co.za]
Pearl Valley Jack Nicklaus Signature Golf Course [pearlvalley.co.za]
Erinvale Golf Club [erinvale.com]
Steenberg Golf Club [Steenberg Golf Club]
Groot Constantia [grootconstantia.co.za]
Rust en Vrede [rustenvrede.com]
Steenberg Farm [steenbergfarm.com]
The V&A Waterfront [waterfront.co.za/the-va]
만델라 사진 위키 백과
Victoria & Alfred Hotel [waterfront.co.za]
One & Only Cape Town [oneandonlyresorts.com]
MOUNT NELSON A BELMOND HOTE [belmond.com]
Dead Valley Lodge [sunkarros.com]
Desert Whisper Gondwana Collection [store.gondwana-collection.com]
Four Seasons Safari Lodge [fourseasons.com]
Singita Sasakwa Lodge [singita.com]
Serengeti Balloon Safaris [balloonsafaris.com]
Sopa Lodges [sopalodges.com]
Giraffe Manor [thesafaricollection.com]
Giraffe Centre [giraffecentre.org]
Elephant Orphanage in Nairobi [sheldrickwildlifetrust.org]
Safari Cats [safaripark-hotel.com]
The Victoria Falls Hotel [victoriafallshotel.com]
Zambezi Queen [zqcollection.com]

시그니처 아프리카

발행일: 2024년 5월 1일
지은이: 김남철
펴낸이: 진영희
일러스트: 이혜린

편집: 이선영
디자인: 조은별

출판등록번호: 제 406-2020-000054호
펴낸곳 (출판사): 휴먼스토리
주소 (출판사 주소): 경기도 파주시 탄현면 국화향길 10-38
문의전화: 070-4229-0621
팩스: 031-935-0621

ISBN 979-11-987517-0-6

값 20,000원